教科書ワーク もくじ

東京書籍版 国語 5年

動画 コードを読み取って、下の番号の動画を見てみよう。

【イラスト】artbox、いけべけんいち。、植木美江、クリエイティブ・ノア、林菜々子、福留鉄夫

基本のワーク

ぼくらのもの
集めよう、よいところ

教科書 見返し〜1／14〜15ページ
答え 1ページ

勉強した日　月　日

学習の目標
- 詩の構成《こう》に注意しながら楽しんで読み、イメージを広げよう。
- 友達と話すことによる気づきを整理しよう。

ぼくらのもの

1 次の詩を読んで、問題に答えましょう。

ぼくらのもの

与田《よだ》　準一《じゅんいち》

大きくなったら
なにになるんだ、
そう聞かれたが
①まだわからない。
【波がさわぐ
波止場《はとば》に立って、
どこへだって
自由に船出できる朝の
海にあふれるきらめき。】
そうなんだ、
わかってる、
②それだけはぼくらのもの
ぼくらのものだ。

2 「①まだわからない」とありますが、何がわからないのですか。

どんな問いに答えているのかな。

自分が（　　　　）ということ。

3 次のことを、【　】で囲《かこ》んだ部分ではどのように表現《げん》していますか。下から選んで、•—•で結びましょう。

❶ 何でもできるわかい時 •　　• 海にあふれるきらめき
❷ きびしそうな社会 •　　• 自由に船出できる朝
❸ 未来への大きな希望 •　　• 波がさわぐ／波止場

4 よく出る 「②それだけはぼくらのもの」とありますが、「それ」が指しているものを、三行で書きぬきましょう。

（　　　　）

5 よく出る 「③あれだけはぼくらのもの」とありますが、「あれ」が指している様子を、三行で書きぬきましょう。

言葉の意味プラス
8行 波止場《はとば》…船が着く場所。港。 10行 船出…船が港を出ること。社会に出て、新しい生活などを始めること。 11行 きらめき…美しく光りかがやく様子。 21行 はて…いちばんはし。

大きくなったら
なにになるんだ、
そう聞かれたが
まだわからない。
風がはしる
広場のはての、
ちからづよく
しっかり枝《えだ》を交《かわ》す森に
星があんなにゆれている。
そうなんだ、
わかってる、
③あれだけはぼくらのもの
ぼくらのものだ。

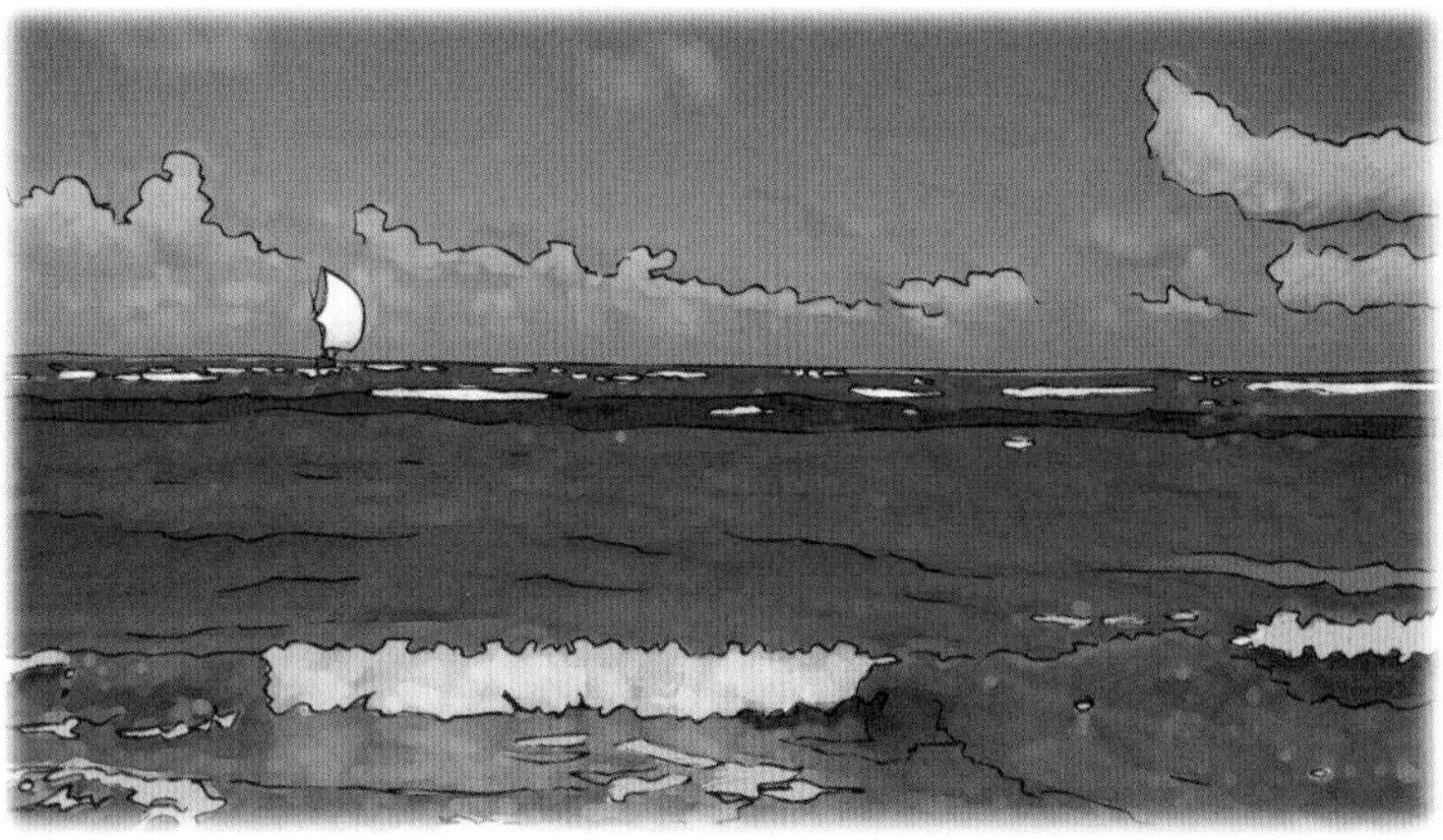

1 この詩の構《こう》成について答えましょう。

(1) いくつの連でできていますか。（　　）連

(2) 一つの連は、何行でできていますか。（　　）行

(3) 一つの連は、いくつの文でできていますか。（　　）つ

6 この詩にうたわれているのは、どんな気持ちですか。一つに○をつけましょう。

ア（　）未来や新しい生活への期待。
イ（　）たいくつな日常《じょう》へのあきらめ。
ウ（　）自分の才能《のう》への自信。

7 「そうなんだ、／わかってる、」とありますが、詩を朗《ろう》読するとき、この部分はどのように読んだらよいですか。一つに○をつけましょう。

最後に「ぼくらのものだ」と言い切っていることにも着目。

ア（　）わかっていない自分に言い聞かせるように読む。
イ（　）確《かく》信が持てない自分に、問いかけるように読む。
ウ（　）確信を持って言えるのだと、力強く読む。

集めよう、よいところ

2 次の発言の内容《よう》の説明として合うものを□から選んで、記号で答えましょう。

❶ つまり、青木さんは体を動かすことが好きなんだね。（　）
❷ 例えば、みんなで感想文を発表し合うのはどうかな。（　）
❸ どうして山田さんは水遊びがいいと思ったの。（　）

ア 相手の考えの理由をたずねている。
イ 相手の話の内容をまとめている。
ウ 具体的な例を挙げている。

ものしりメモ

この詩の作者、与田準一《よだじゅんいち》さん(1905–1997)は、福岡県で生まれた詩人。ざっしの編《へん》集者や大学のこうしもつとめ、たくさんの童話作家を世の中にしょうかいしたんだよ。

基本のワーク

おにぎり石の伝説

教科書 16～30ページ
答え 2ページ

勉強した日 月 日

学習の目標
- 登場人物の心情の変化を読み取ろう。
- 人物の心情を想像して、それが表れる音読の仕方を考えよう。

漢字練習ノート3ページ

新しい漢字

◀練習しましょう。

教科書ページ	漢字	読み	画数
18	確	カク　たしか　たしかめる	15画
18	現	ゲン　あらわれる	11画
19	個	コ	10画
19	複	フク	14画
23	絶	ゼツ　たえる	12画
23	句	ク	5画
24	夢	ム　ゆめ	13画
26	久	キュウ　ひさしい	3画
28	情	ジョウ　なさけ	11画
29	像	ゾウ	14画

1 漢字の読み　読みがなを横に書きましょう。

1 確かだ
2 出現
3 一個
4 四つ葉
5 複数
6 名字
7 絶句
8 夢
9 久しぶり
10 心情
11 想像

○新しい漢字
●読みかえの漢字
◆特別な読み方

「現」は、「あらわ(れる)」という訓読みも覚えておこう。

3 言葉の意味　○をつけましょう。

1 18ページ 空前のブームが始まった。
ア（　）今までに例のない。
イ（　）これまでで最高の。
ウ（　）大したことのない。

2 18 ほかの石にまぎれて発見される。
ア（　）すがたを変えて。
イ（　）形をにせて。
ウ（　）入りまじって。

2 漢字の書き

漢字を書きましょう。

❶ □□《いっこ》の石。

❷ □□《ふくすう》のチーム。

❸ □□《ぜっく》する。

❹ □《ゆめ》から覚める。

❺ □《ひさ》しぶりに会う。

❻ □□《しんじょう》の変化。

内容《よう》をつかもう！

★おにぎり石の伝説　教科書を読んで、答えましょう。　教科書 18〜27ページ

あるクラスで、おにぎり石ブームが起きたときのお話だよ。

1 「ぼく」のクラスでブームになった「おにぎり石」とは、どんな石でしたか。一つに○をつけましょう。

ア（　）ざらざらした、小さな四角形の石。

イ（　）すべすべした、小さな三角形の石。

ウ（　）ぴかぴかした、大きな丸い石。

2 「おにぎり石ブーム」を、「ぼく」はどう感じていましたか。□から選んで、記号で答えましょう。

① おにぎり石にまつわる、みょうなうわさ話が聞こえてくるようになったとき。（　）

② おにぎり石をさがすことがバトルになっていったとき。（　）

ア　どうもおかしいと感じて、少しだけもやもやしていた。

イ　むねをおどらせて、熱心に石をさがすようになった。

3 「おにぎり石」は、もともとどこにあった石でしたか。□に合う言葉を書きましょう。

□の家の庭。

---

❸ 19 せいぜい一個しか見つからない。

ア（　）努力もむなしく。

イ（　）多く見積もっても。

ウ（　）少なく見積もっても。

❹ 19 みょうなうわさ話が広がる。

ア（　）不思議な。

イ（　）楽しそうな。

ウ（　）きょう味深い。

❺ 21 クラスげん定のブーム。

ア（　）はんいがかぎられていること。

イ（　）とても人気があること。

ウ（　）広いはんいにおよんでいること。

❻ 21 暗もくのルール。

ア（　）みんなで決めたこと。

イ（　）口に出さずにだまっていること。

ウ（　）だれも守ろうとしないこと。

❼ 22 石にまつわる伝説。

ア（　）関係する。

イ（　）関係のない。

ウ（　）からみつく。

❽ 24 みんなあっけにとられる。

ア（　）もの足りなさそうにする。

イ（　）おどろき、あきれる。

ウ（　）とても悲しむ。

ものしりメモ　「おにぎり」は、古い時代には「とんじき」「にぎりいい」「にぎりめし」などとよばれていたよ。「にぎりめし」がていねいな言い方になって、「おにぎり」になったんだ。

練習のワーク1

おにぎり石の伝説

教科書 16〜30ページ　答え 2ページ

勉強した日　月　日

できるナビ
●「ぼく」の心情の変化を読み取ろう。
●クラスの様子の変化をとらえよう。

次の文章を読んで、問題に答えましょう。

初めは、ぼくのクラス、五年二組の女子の間で、おにぎり石が人気になった。①四つ葉のクローバーを見つけるような感覚だ。それでぼくたちも、そのうち何となくつられ始めた。

「すべすべしていて、ふつうの石とはちがう気がする。」

「こんな石が自然にできるなんて、不思議だよね。」

「見つけた人は、幸せになれるらしいよ。」

すると、②おにぎり石にまつわる、みょうなうわさ話が聞こえてくるようになった。その昔、あるたんけん家が、なぞの「おにぎり島《じま》」から持ち帰った石なのだとか、この学校ができる前、ここには「おにぎりランド」とよばれるテーマパークがあったのだとか、きょうふの「おにぎり

1 「①四つ葉のクローバーを見つけるような感覚」という表現から、五年二組のみんなが「おにぎり石」をどんなものだと思っていることが分かりますか。一つに○をつけましょう。

ア（　）不思議な力を持つ、わざわいをもたらすもの。
イ（　）めずらしくて、見つけた人に幸せをもたらすもの。
ウ（　）とても便利で、ふだんの生活をするうえで役立つもの。

2 「②おにぎり石にまつわる、みょうなうわさ話」について答えましょう。

(1) この「うわさ話」の内容《よう》を具体的に説明している一文をさがして、初めの三字を書きぬきましょう。

□□□

「例えば」どんなうわさ話があったのか、さがしてみよう。

(2) よく出る● 「うわさ話」を、別の言葉で何と表現していますか。

□□□□□□

3 「③ぼくらはうっかりむねをおどらせた」とありますが、これはどんな様子を表していますか。一つに○をつけましょう。

ア（　）うわさ話が本当のことなのかどうかうたがう様子。
イ（　）さらに別のうわさ話を聞くことを楽しみにする様子。
ウ（　）うわさ話を軽はずみに信じて、夢中になる様子。

言葉の意味プラス
21行 むねをおどらせる…わくわくする。　23行 発くつ…うもれているものをほり出すこと。
26行 ヒートアップ…熱がこもっていくこと。　31行 みりょく…人を夢中にさせる力。

大魔《ま》王」ののろいの石なのだとか……。数々の「おにぎり石伝説」に、③ぼくらはうっかりむねをおどらせた。

休み時間になると、みんなでおにぎり石さがしだ。放課後には、クラス内で複数の発くつチームが組まれた。気がつくと、担任《たんにん》の先生のつくえの上にまで、おにぎり石がかざられている。大人にまでえいきょうをあたえるおにぎり石はすごい。ぼくたちのおにぎり石熱は、④ますますヒートアップしていく。

「聞いた？　青木が見つけたんだって。」

「いいよなあ。ぼくも同じ場所をさがしてたんだけどなあ。」

「見つけられない最後の一人にはなりたくないな。」

「それはみじめすぎるよな。」

おにぎり石そのもののみりょく以上に、おにぎり石を見つけられたとき、心からうらやましがられる感じが、ぼくたちの気持ちを高まらせていた。

見つけられたらクラスの人気者。そして、人生はバラ色だ。一刻《こく》も早くおにぎり石を見つけて、このゲームからぬけ出さなくちゃならない。そんなふうに、⑤だんだんあせる気持ちが強くなっていく。

必死に石をさがしながらも、ぼくは⑥少しだけもやもやしていた。いつのまにそんなバトルになってしまったんだろう。初めはこんなはずじゃなかったのに、どうもおかしい。先生のつくえの上にあるおにぎり石を、⑦ぼくは思わずじっとにらんだ。

〈戸森《ともり》 しるこ「おにぎり石の伝説」による〉

4 「④ますますヒートアップしていく」とありますが、ヒートアップしていったのは、なぜですか。

おにぎり石を見つけると、みんなから（　　　　）。

5 「⑤あせる気持ちが強くなっていく」とありますが、どんな状態《じょうたい》になりたくてあせっているのですか。

すぐ前の「そんなふうに」は何を指しているかな。

（　　　　）

6 よく出る 「⑥少しだけもやもやしていた」とありますが、「ぼく」はどんなことを感じていたのですか。

楽しかったおにぎり石さがしが、いつしか□□□になってしまったことを、□□□□と感じていた。

7 「⑦ぼくは思わずじっとにらんだ」とありますが、このときの「ぼく」の気持ちとして、合うもの一つに○をつけましょう。

ア（　）クラスの様子が以前と変わってしまったのはおにぎり石のせいだと感じ、はらを立てている。

イ（　）おにぎり石さがしがおかしな方向に進んでいると感じ、その理由について思いをめぐらしている。

ウ（　）自分がまだ見つけていないおにぎり石を先生が持っているので、うらめしく思っている。

ものしりメモ

英語で、「おにぎり」は「ライスボール」、「牛丼《どん》」は「ビーフボウル」と言うよ。音はにているけど「ボール(ball)」は「球」、「ボウル(bowl)」は「深くて大きな容器《よう》」という意味なんだ。

練習のワーク2

おにぎり石の伝説

教科書 16〜30ページ
答え 2ページ

勉強した日　月　日

できるナビ
●物語の場面をとらえよう。
●おにぎり石の真実を知った「ぼく」の心情と行動を読み取ろう。

次の文章を読んで、問題に答えましょう。

「いらっしゃい。庭へどうぞ。」

一成《いっせい》はそう言って、ぼくを庭に案内してくれた。

①その光景を見たとき、ぼくがどう思ったか、言葉ではとても表現できそうにない。

「うわあ、何だこれ！」

ぼくがそこで目にしたものは、何千、何万の、おにぎり石の大群だった。おにぎり、おにぎり、おにぎり石だらけ。庭におにぎり石がしきつめられている。

「すげえ！　一成、さてはおまえがおにぎり大魔《ま》王だったんだな？」

一成は②かたをすくめて言った。

「これは人工的に作られた石だよ。自然にできた物ではないし、もちろん、大魔王ののろいのわけもないし。」

③ぼくは絶句だ。まるで時間が止まってしまったみたいに、ぱかっと口を開けたまま、一成の顔を見ていた。

1　「ぼく」と一成は、どこにいましたか。

［　　］の家の［　］。

「ぼく」はどこに案内されたのかな？

2　「①その光景」とありますが、「ぼく」はどんな光景を見たのですか。

（　　　　　　　　）

3　「②かたをすくめて」とありますが、ここから一成のどんな気持ちが読み取れますか。（　）に合う言葉を、［　］から選んで書きましょう。

庭の大量のおにぎり石を見て、一成に（　　　）いる「ぼく」に、少し（　　　）いる。

はらを立てて　あきれて　感心して

4　よく出る　「③ぼくは絶句だ。」とありますが、どんなことを知って絶句したのですか。

一成の言葉を聞いて「絶句」しているよ。

（　　　　　　　　）

言葉の意味プラス
12行　かたをすくめる…両かたを上げて、どうしようもないという気持ちを表す。
25行　立ちつくす…おどろきや感動などで、いつまでもじっと立っている様子。

「でも、じゃあ、学校のおにぎり石は……？」

「知らないけど、例えばカラスかなんかが、ここから持っていくんじゃないか？　いたずらか、ちょっとした思いつきでさ。どっちにしても、深い意味なんかないよ。」

④ぼくの頭の中で、まぬけな声のカラスが鳴いた。

あまりのしょうげきで、しばらくの間立ちつくしていると、そんなぼくの顔をのぞきこみ、一成は心配そうに言った。

「言わないほうがよかった？　二組の夢がこわれたかなあ。」

ぼくはあわてて首を横にふった。確かに⑤夢から覚めた気分だったけど、そのおかげで、⑥ぼくはあることを思いついたのだった。

「ちょっとお願いがあるんだけど。」

　次の日の放課後、五年二組のみんなは、おにぎり石さがしを中だんし、一成の家に集まった。おにぎり石だらけの庭を見ると、みんな、あっけにとられてとまどいながら、それでもやっぱりよろこんでいた。

「おにぎり石パラダイスだ！」

「最高すぎる！」

「一つもらってもいい？」

「じゃあぼくは二つ。」

「ぼくは三つ！」

〈戸森《ともり》しるこ「おにぎり石の伝説」による〉

5 「④ぼくの頭の中で、まぬけな声のカラスが鳴いた。」について答えましょう。

(1) これは、「ぼく」のどんな気持ちを表現していますか。

一成の言葉に［　　　　　］を受けた気持ち。

(2) よく出る● (1)の気持ちになったのは、なぜですか。一つに○をつけましょう。

ア（　）おにぎり石を運んだのはカラスだと知ったから。

イ（　）おにぎり石が全て一成のものだと知ったから。

ウ（　）おにぎり石にかちなどないことを知ったから。

6 「⑤夢から覚めた気分」とありますが、「ぼく」はどんな気持ちになりましたか。一つに○をつけましょう。

ア（　）おにぎり石に夢中だった自分をばからしく感じている。

イ（　）おにぎり石がより身近なものになったと感じている。

ウ（　）おにぎり石の夢をこわした一成を苦々しく感じている。

7 「⑥ぼくはあることを思いついた」とありますが、何をしようとしているのですか。一つに○をつけましょう。

ア（　）五年二組のみんなに、ここにあるおにぎり石をあげてよろこんでもらおうとしている。

イ（　）五年二組のみんなをこの場所に連れてきて、おにぎり石の正体を知ってもらおうとしている。

ウ（　）五年二組のみんながまだ知らないおにぎり石のひみつを教えて、自まんしようとしている。

ものしりメモ

「パラダイス」は、苦労のない幸せな世界のことだよ。にた意味で、キリスト教に関係する「天国」や、仏《ぶっ》教に関係する「極《ごく》楽」という言葉があるね。

まとめのテスト

おにぎり石の伝説

教科書 16〜30ページ　答え 3ページ

勉強した日　月　日

時間 20分

得点　/100点

次の文章を読んで、問題に答えましょう。

次の日の放課後、五年二組のみんなは、おにぎり石さがしを中だんし、一成《いっせい》の家に集まった。おにぎり石だらけの庭を見ると、みんな、あっけにとられてとまどいながら、それでもやっぱりよろこんでいた。

「おにぎり石パラダイスだ！」

「最高すぎる！」

「一つもらってもいい？」

「じゃあぼくは二つ。」

「ぼくは三つ！」

だけどぼくは、タイミングを見計らって、①わざと水を差すようなことを言った。

「でもさ、こんなにたくさんあると思うと、何だかかちが下がるような気がしないか？」

ちょっとどきどきした。空気を読めないやつだって、言われてしまうかもしれない。だから、そう言われる前に、ぼくは一成に目くばせした。一成はうなずいて、

「おいおい、勝手にやってきて、失礼なやつだなあ。」

と、計画どおりに、おどけてせりふを言った。

「ありがとう。確かにぼくたち、④何かにとりつかれていたのかもしれない。」

⑤これで、ぼくたちのおにぎり石伝説は終了《りょう》、一件《けん》落着ってわけだ。

えがおで片《かた》手をあげた一成の手をパンとたたいて、ぼくはそう思った。

〈戸森《ともり》しるこ「おにぎり石の伝説」による〉

1 「①わざと水を差すようなことを言った」について答えましょう。

(1) 「水を差すようなこと」とは、どんなことですか。□に合う言葉を書きぬきましょう。　一つ5〔10点〕

庭のおにぎり石を見て、みんなが□□□□□□いるときに、こんなにたくさんあると思うとおにぎり石の□□□□□□ような気がすると言ったこと。

(2) このときの「ぼく」はどんな気持ちでしたか。〔20点〕

（　　　　　　　　）

言葉の意味プラス

11行　水を差す…物事がうまく進んでいるのをじゃまする。　15行　空気を読む…その場のふんいきから、何をすべきかはんだんする。　47行　一件《けん》落着…問題や課題が解《かい》決すること。

「確かに、こんな石のどこがいいんだろうって、ぼくは思っちゃうけどね。」

一成の冷静な一言を聞いて、②みんなはそれぞれ顔を見合わせた。すると、様子をうかがうような、いっしゅんの間の後で、だれかが言ったんだ。

「真《しん》の気持ち、分かるよ。めったに見つけられないってところが、よかったんだよな。」

そうしたら不思議なことに、みんなも口々に同じことを言い始めた。いっせいに色が変わるみたいに、気持ちが伝染《せん》していった。すごいいきおいだった。最終的に、

「ああ、がっかりだよ。」

なんて言い合って、かたを落としながら、③みんなでえがおになったんだ。おにぎり石の庭で、ぼくたちはそろってくすくす笑っていた。こんなのって久しぶりだった。

「一つずつなら、持って帰ってもいいよ。」

一成は言ったけど、おどろいたことに、持ち帰ろうとするやつは、もう一人もいなかった。むしろ、今までに見つけたおにぎり石を、一成の庭に「返きゃく」するやつが出てきた。

おにぎり石のせいで、クラス内でびみょうな上下関係ができ始めていることに、きっとみんなも気がついていたんだと思う。このゲームを終わらせるには、何か強力なパワーかアイテムが必要だったんだ。

新たな気持ちになって見てみると、おにぎり石は、やっぱりとてもきれいで、すごくユニークな石だった。

みんなが帰った後、ぼくは一成にお礼を言った。

---

2 チャレンジ！ 「②みんなはそれぞれ顔を見合わせた」とありますが、このときの「みんな」はどんな様子でしたか。一つに○をつけましょう。〔20点〕

ア（　）「ぼく」や一成が何を言おうとしているのか意味が分からず、だれかに教えてもらおうとしている。

イ（　）冷静に考えると「ぼく」や一成の言うことはもっともだと思い、周りの人の反応《のう》を確かめようとしている。

ウ（　）「ぼく」や一成の言うことに納得《なっとく》がいかず、だれかが反論《ろん》してくれないかと周りの様子をさぐっている。

3 「③みんなでえがおになったんだ」とありますが、それはなぜですか。このときのみんなの気持ちが分かるように書きましょう。〔20点〕

書いてみよう！

（　　　　）

4 「④何かにとりつかれていた」とありますが、そのときのクラスはどんな様子でしたか。〔10点〕

クラス内で（　　　　）ができ始めていた。

5 よく出る 「⑤これで、ぼくたちのおにぎり石伝説は終了、一件落着ってわけだ。」とありますが、この部分はどのように音読すればよいでしょうか。一つに○をつけましょう。〔20点〕

ア（　）なごりおしい気持ちを表すため、ゆっくり読む。

イ（　）悲しい気持ちを表すため、静かな声で読む。

ウ（　）すっきりした気持ちを表すため、明るく読む。

ものしりメモ 日本では手を高く上げて相手と手を合わせる動作を「ハイタッチ」というけれど、英語では「ハイファイブ」というよ。ファイブは、広げた手の指の数を表しているんだって。

基本のワーク

漢字を使おう1／図書館へ行こう
季節の足音――春

教科書 31〜37ページ

答え 3ページ

勉強した日　月　日

学習の目標

●春の自然の風景を想像しながら、詩や短歌と俳《はい》句を読んでみよう。

●季節を表す日本語のしらべを味わおう。

漢字練習ノート4〜5ページ

新しい漢字

◀練習しましょう。

教科書ページ	漢字	読み	画数
31	増	ゾウ　ます　ふえる	14画
31	益	エキ	10画
31	境	キョウ　さかい	14画
31	義	ギ	13画
31	衛	エイ	16画
31	眼	ガン	11画
31	救	キュウ　すくう	11画
31	停	テイ	11画
32	応	オウ　こたえる	7画
32	資	シ	13画
33	在	ザイ　ある	6画
33	査	サ	9画
33	報	ホウ	12画

1 漢字の読み

読みがなを横に書きましょう。

① 増える　② 正義　③ 停止　④ 現在

○新しい漢字　●読みかえの漢字　◆特別な読み方

2 漢字の書き

漢字を書きましょう。

① 食品の［　　］《えいせい》。

② 動物を［　］《すく》う。

3 四年生の漢字

漢字を書きましょう。

① 土地を［　　］《かんり》する。

② ［　　］《えいよう》のある食事。

③ 求めに［　］《おう》じる。

④ ［　　］《ちょうさ》した年。

4 次の詩を読んで、問題に答えましょう。

春の河《かわ》

山村《やまむら》　暮鳥《ぼちょう》

たつ《(たっ)》ぷりと
春は
小さな川々まで
あふれてゐ《(い)》る
あふれてゐ《(い)》る

1 「小さな川々」に流れている水の量が分かる言葉を、二つ書きぬきましょう。

川の様子を表す言葉をおさえよう。

□□□□・□□□□□□

2 よく出る● この詩には、どんな様子がえがかれていますか。一つに○をつけましょう。

ア（　）きびしい寒さの中、川を見ながら、早く春が来ることを願う人々の様子。
イ（　）長かった冬が終わって春がおとずれ、川の水がゆたかに流れている様子。
ウ（　）春から夏にうつろうとするころの、緑ゆたかで美しい川ぞいの様子。

5 次の短歌と俳《はい》句を読んで、問題に答えましょう。

あ　くれなゐ《(い)》の二尺《しゃく》伸びたる薔薇《ばら》の芽の
針《はり》やはらか《(わ)》に春雨《はるさめ》のふる
正岡《まさおか》　子規《しき》

い　外《と》にも出よ触《ふ》るるばかりに春の月
中村《なかむら》　汀女《ていじょ》

1 よく出る● あの短歌には、どんなくふうがされていますか。□に合うひらがなを書きぬきましょう。

「□」という音をくり返すことで、やわらかなリズム感を生み出している。

2 あの短歌は、どんな様子をえがいていますか。一つに○をつけましょう。

ア（　）みずみずしい生命力にあふれた薔薇の様子。
イ（　）冷たい雨にぬれて折れそうな薔薇の様子。
ウ（　）薔薇の芽を見てなつかしく思う作者の様子。

3 「春の月」とありますが、どんな様子ですか。一つに○をつけましょう。

ア（　）細くて暗い様子。
イ（　）大きくて明るい様子。
ウ（　）雲にかくれている様子。

どんな月を見てほしくて、「外にも出よ」と言っているのかな。

ものしりメモ
「尺《しゃく》」は、昔の日本で使われた長さの単位なんだ。「一尺」の長さは、今の「メートル法」で表すと、約 30.3 センチメートルだよ。

基本のワーク

知りたいことを聞き出そう

教科書 38～41ページ

答え 4ページ

勉強した日 月 日

学習の目標
- インタビューメモの整理の仕方を考えよう。
- 意図を明確にして相手の話を聞き出すくふうを考えよう。

漢字練習ノート5ページ

新しい漢字

教科書ページ	漢字	読み	画数
38	得	トク える	11画
38	際	サイ	14画
38	質	シツ	15画
40	移	イ うつる	11画
41	総	ソウ	14画

◀練習しましょう。

○新しい漢字 ●読みかえの漢字 ◆特別な読み方

1 漢字の読み 読みがなを横に書きましょう。

① ○得る ② ○質問 ③ ○移る ④ ○総合

2 漢字の書き 漢字を書きましょう。

① 聞く○□《さい》の注意。 ② 場所を○□《うつ》す。

3 次の【池田さんのインタビューメモ】と【池田さんのインタビューメモ】を読んで、問題に答えましょう。

【池田さんのインタビューメモ】

相手	運動委員会の六年生　高橋功太さん
①	休み時間の見回り活動で、あぶない行動やまちがった道具の使い方を注意するときに、どうしたらよいかアドバイスをもらう。

必ず聞きたいこと	必要に応じて聞きたいこと
聞きたいこと① 声をかける場面について ◎これまで、どんな場面で注意したことがあるか。	・体育館と校庭のどちらのほうが、あぶない行動が多いか。 (予想)体育館 ・今まででいちばんあぶないと思ったのは、どんな行動か。　→どうしたか。
聞きたいこと② 声のかけ方について ◎どんなふうに声をかけたらよいか。	・低学年と高学年とでは、声のかけ方にちがいはあるか。

〈「知りたいことを聞き出そう」による〉

【池田さんのインタビュー】

池田　高橋さん、こんにちは。今日は、運動委員会の見回り活動についてうかがい、活動の参考にしたいと思います。よろしくお願いします。
高橋　よろしくお願いします。
池田　見回り活動は、休み時間に校庭や体育館を見回り、あぶない行動やまちがった道具の使い方などを見つけたら注意する活動だと聞いています。高橋さんは、これまでにどんな場面で注意したことがありますか。
高橋　そうですね。体育館でサッカーをしている人を見つけて注意したことがあります。ほかの遊びをしている人の方へボールが飛んでいってしまい、ぶつかりそうになって、あぶないところでした。
池田　校庭とくらべて体育館はせまいから、ほかの人とのきょりが近くなりますね。そうすると、体育館のほうが、注意する場面は多いのでしょうか。
高橋　はい。特に、体育館でのボール遊びですね。はしの方で低学年の子たちも遊んでいることがあるので、その近くで、ボールを使う遊びをしている人を見つけたら、ほかの場所に移ってもらうよう声をかけます。

〈「知りたいことを聞き出そう」による〉

1　メモの❶に入る言葉を、［　］から選んで書きましょう。

（　　　　）

［理由　目的　感想］

2　池田さんは、体育館と校庭のどちらのほうがあぶない行動が多いと予想していますか。

（　　　　）

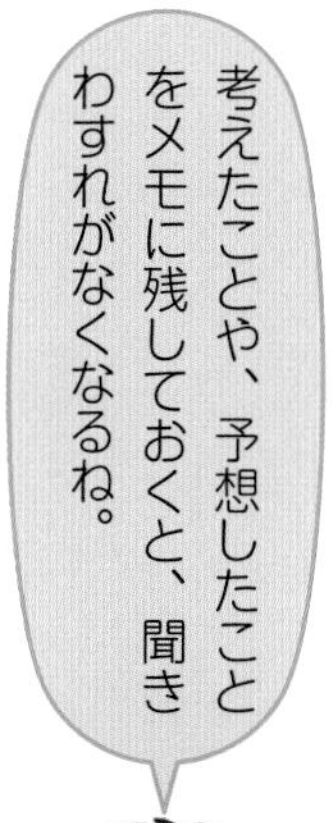

考えたことや、予想したことをメモに残しておくと、聞きわすれがなくなるね。

3　よく出る●「今日は、運動委員会の見回り活動についてうかがい、活動の参考にしたいと思います。」とありますが、池田さんは、何を明らかにしてインタビューをしようとしているのですか。一つに○をつけましょう。

ア（　）自分の予想。
イ（　）相手の思い。
ウ（　）インタビューの話題。

何についてのインタビューかを確認《にん》しているね。

4　池田さんは、自分が聞きたいことを聞き出すために、どんなくふうをしてインタビューを進めていますか。（　）に合う言葉を、［　］から選んで書きましょう。

● 最初に、（　　　　）から聞き始めている。
● 「そうすると、……でしょうか。」のように、相手の話と関係づけて、（　　　　）を質問している。

［必ず聞きたいこと　必要に応じて聞きたいこと］

ものしりメモ　外来語の「メモ」を意味する言葉は、英語では「ノート」というんだ。わたしたちがふだん使う「ノート」を意味する言葉は、英語では「ノートブック」というんだよ。

基本のワーク

敬語《けい》

教科書 42〜43ページ
答え 4ページ

勉強した日　月　日

学習の目標
●敬語の種類と、それぞれの敬語で使われる言い方を覚えよう。
●敬語を適切《てき》に使えるようになろう。

漢字練習ノート6ページ

新しい漢字

教科書42ページ

容 ヨウ　10画
◀練習しましょう。

○新しい漢字　●読みかえの漢字　◆特別な読み方

1 漢字の読み　読みがなを横に書きましょう。

❶ 内容。

2 漢字の書き　漢字を書きましょう。

❶ 相手が話す［ないよう］。

「ないよう」は、中身という意味だよ。具体的な物を表す場合と、話や文で伝えようとしている事がらを表す場合があるよ。

3 敬語《けい》について、問題に答えましょう。

1 次の説明に合う敬語の種類を□から選んで、記号で答えましょう。

❶ 自分や身内の動作を低めて言うことで、話す相手や話題になっている人に敬意を表す言い方。（　）
❷ 話す相手や話題になっている人の動作などを高めて言うことで、その人に敬意を表す言い方。（　）
❸ 事がらをていねいに言う言い方。（　）

ア 尊《そん》敬語　イ けんじょう語　ウ ていねい語

だれの動作に使う言葉なのかに注意して、尊敬語とけんじょう語を区別しよう。

2 次の敬語の種類を下から選んで、•—•で結びましょう。

❶ お待ちする •　　•ていねい語
❷ お待ちになる •　　•尊敬語
❸ 待ちます •　　•けんじょう語

3 ——の敬語の種類を□から選んで、記号で答えましょう。

① 校長先生が教室にいらっしゃる。
② 一生けん命がんばります。
③ 保護《ほご》者会には、父がうかがう予定です。
④ 田中さんがご説明になる。
⑤ 先生から本をいただく。
⑥ 先生が来られる。
⑦ この花はチューリップです。
⑧ ご家族によろしくお伝えください。
⑨ お茶をどうぞ。

ア 尊敬語　イ けんじょう語　ウ ていねい語

話す相手や場面によって、敬語を正しく使い分けよう。

4 ——の言葉を正しい敬語に直します。□から選んで書きましょう。

① 先生がわたしの家に来る。
② 市長が昼食を食べる。
③ 自分の考えを先生に言う。

めしあがる　いらっしゃる　まいる　申しあげる

5 ——の言葉を、□の敬語を使って書き直しましょう。

① 先生は体育館にいるそうです。
② 分からない点を先生に聞きました。
③ 先生のおたくで、おいしいおやつを食べました。
④ 先生の言ったことをわすれないようにします。

うかがう　いらっしゃる
おっしゃる　いただく

それぞれ、どんな動作を表す敬語かな。

6 ——の言葉を、〈 〉にしめした敬語に書き直しましょう。

① 先生の荷物を持つ。〈けんじょう語に〉
② 先生が運動会について話す。〈尊敬語に〉

ものしりメモ
相手への敬意を表すための敬語は、たくさん使えばいいわけではないよ。「先生がご本をお読みになっていらっしゃる。」なんて表現は、かえって失礼にあたるんだ。

基本のワーク

インターネットは冒《ぼう》険だ
漢字を使おう2／情報のとびら　事実と考え

教科書 44～57ページ

答え 5ページ

勉強した日　月　日

学習の目標
●文章の構成とまとまりごとの内容をとらえ、要旨《し》をまとめよう。
●事実と考えを区別できるようにしよう。

漢字練習ノート6～7ページ

新しい漢字

◀練習しましょう。

教科書ページ	漢字	読み	画数
46	険	ケン　けわしい	11画
47	属	ゾク	12画
47	士	シ	3画
47	混	コン　まじる　こむ	11画
48	災	サイ	7画
49	因	イン	6画
49	興	コウ　キョウ	16画
49	過	カ　すぎる	12画
51	性	セイ	8画
52	構	コウ　かまえる	14画
53	接	セツ	11画
55	示	ジ　しめす	5画
55	禁	キン	13画
55	雑	ザツ　ゾウ	14画
55	酸	サン	14画
55	独	ドク　ひとり	9画
55	快	カイ　こころよい	7画

1 漢字の読み　読みがなを横に書きましょう。

1. 所属
2. 入り混じる
3. 災害
4. 原因
5. 過激《げき》
6. 構成
7. 直接
8. 禁止
9. 独唱
10. 快い

○新しい漢字　●読みかえの漢字　◆特別な読み方

4 言葉の意味　○をつけましょう。

1 46ページ 危《き》険もともなう。
ア（　）生み出す。
イ（　）ついてくる。
ウ（　）なくなる。

2 漢字の書き

漢字を書きましょう。

① 冒《ぼう》□《けん》に出る。

② 宇宙《うちゅう》□□□《ひこうし》。

③ □□《きょうみ》を引く。

④ 安全□《せい》が高い。

⑤ 答えを□《しめ》す。

⑥ □□《ざつだん》をする。

3 四年生の漢字

漢字を書きましょう。

① 料理の□□《ざいりょう》。

② □□《かもつ》列車。

③ □□□《ふしぎ》な話。

内容をつかもう！

☆インターネットは冒《ぼう》険だ

本文を、「序論《じょろん》」「本論」「結論」に分けます。それぞれのまとまりごとの内容を[ ]から選んで、記号で答えましょう。 教科書46〜51ページ

① 序論（　）

② 本論（　）・（　）・（　）

③ 結論（　）

ア　インターネットには情報が広がるのが速いという特徴《ちょう》があり、不確かな情報が広まる危《き》険がある。

イ　その危険性を理解《かい》しておけば、インターネットはわくわくできる冒険になる。

ウ　インターネットにはだれもが情報を発信できるという特徴があり、うそや大げさな情報が混じる危険がある。

エ　インターネットには一人一人にとどく情報がちがうという特徴があり、見方や考え方がせまくなるという危険がある。

オ　インターネットは冒険のような楽しさがあるが、その特徴と危険を知る必要がある。

「本論」は三つに分けられるよ。「特徴」、「危険」という言葉に注目しよう。

---

2 46 特徴《ちょう》を知る。

ア（　）他との共通点。
イ（　）問題のある点。
ウ（　）特に目立つ点。

3 48 情報を共有する。

ア（　）数人でいっしょに持つこと。
イ（　）一つにまとめること。
ウ（　）何人かで相談すること。

4 49 情報がかけめぐる。

ア（　）速いスピードで進む。
イ（　）あちこちにまわる。
ウ（　）形を変えていく。

5 49 うわさが拡散《かく》する。

ア（　）悪い内容に変わること。
イ（　）他の話と混ざること。
ウ（　）広がり、ちらばること。

6 49 過激《げき》な情報。

ア（　）とても重要である。
イ（　）みんなが好きである。
ウ（　）じょうしきから外れている。

7 50 危険におちいる。

ア（　）悪いじょうたいをぬけ出す。
イ（　）低いところに集まる。
ウ（　）望ましくないじょうたいになる。

ものしりメモ

インターネットは1969年のアメリカで、大学や研究機関をネットワークで接続したのが始まりなんだよ。それが今では、世界中がインターネットでつながれるようになったんだ。

練習のワーク

インターネットは冒《ぼう》険だ

教科書 44〜57ページ
答え 5ページ

勉強した日　月　日

できるナビ
- インターネットの特徴《ちょう》と危険《き》を読み取ろう。
- 文章の構成をとらえよう。

次のあといの文章を読んで、問題に答えましょう。

あ　①インターネットの大きな特徴《ちょう》は、だれもが情報を発信できるということだ。これまで世の中で起きた出来事を伝えてきたのは、主にテレビや新聞だった。テレビや新聞は、そこに所属する記者が取材して確かめたものを、番組や記事にしてとどけている。インターネットでは、記者でなくても、スポーツ選手や宇宙《うちゅう》飛行士などの有名人、そしてわたしたち自身まで、さまざまな人が情報を発信することができるようになった。そのおかげで、わたしたちが知ることができる世界は大きく広がった。

しかし、だれもが情報を発信できるために、記者が取材したニュースから、自治体や企《き》業、そして個人が発信したものまで、さまざまな情報が入り混じってしまっている。人がおぼれたという事故《こ》も、その場にいた人ならだれでも、すぐに発信できる。テレビや新聞では報じていない情報もあるが、うそや大げさなものも混じるという危険《き》がある。

だからこそ、「インターネットの話題」をだれが発信しているのかを確かめることが大切なのだが、インターネットでニュースを見るときに出所《でどころ》を「気にする」人は、二十代以下では半分にも満たない。

1　(1)「①インターネットの大きな特徴」について答えましょう。

よく出る●　あの文章では、インターネットのどんな特徴を説明していますか。

[　　　　　　　　]だけではなく、だれもが[　　　　　]できるようになったこと。

(2) (1)のような特徴によって、どんな利点があると筆者はのべていますか。

「〜おかげで」という言葉に注目して、利点をさがしてみよう。

(　　　　　　　　　　)

(3) (1)のような特徴によって、どんな危険があると筆者はのべていますか。一つに○をつけましょう。

ア（　）うそや大げさな情報が混じってしまうという危険。
イ（　）情報を発信している人がだれか分からなくなる危険。
ウ（　）社会に発信される情報の数が増えすぎてしまう危険。

2　あの文章では、インターネットの情報を見るときにはどんなことが大切だと筆者はのべていますか。

(　　　　　　　　　　)

言葉の意味プラス
19行　満たない…ある量よりも少ないこと。

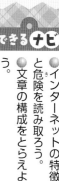

い ②インターネットには、情報が広がるのが速いという特徴もある。ニュース記事やSNS《エスエヌエス》には、ボタン一つですぐに情報を「シェア（共有）」する仕組みがあるからだ。その場で起こっていることをいち早く知らせることができるので、台風や地震《しん》といった災害時には、この仕組みを使って人を助けることもできる。

一方で、この仕組みは、事実かどうか不確かなまま、さまざまな情報がインターネットをかけめぐることにもつながってしまう。自分が何かを伝えた相手が友達や家族などのかぎられた中であっても、それが伝言ゲームのように別のだれかに伝わり、いつのまにかインターネットで発信されてしまうことがある。それは、何も事件《けん》や悪いことにかぎらない。だれかを心配する気持ちや、その情報がよいものだと信じたことも出発点になる。うわさが拡《かく》散していくうちに、いつしか本当のことであるかのように変化していくこともある。

情報が広がるのは、インターネットのもう一つの仕組みにも原因がある。それは、多くの人が情報を見れば、その情報を発信している人にお金が入るという仕組みである。情報が正しいかまちがっているかに関係なく、多くの人の興味を引くために、おもしろかったり過激《げき》だったりする情報がつくられているかもしれないのだ。事実かどうかが不確かなものだとしても、③そういった情報ほど「シェア」されて広まってしまうという危険がある。

（藤代《ふじしろ》 裕之《ひろゆき》「インターネットは冒険《ぼう》だ」による）

3 ②「インターネットには、情報が広がるのが速いという特徴もある。」とありますが、これはインターネットのどんな仕組みが関係していますか。合うもの全てに○をつけましょう。

ア（　）多くの人が情報を見ると、その情報の発信者にお金が入る仕組み。

イ（　）ニュース記事やSNSの情報を、ボタン一つですぐに「シェア（共有）」できる仕組み。

ウ（　）発信されたうわさが拡散していくうちに、いつしか本当のことであるかのように変化する仕組み。

4 ③「そういった情報」とありますが、どんな情報ですか。

多くの人の（　　　）を引くためにつくられたかもしれない、（　　　）たり、過激だったりする情報。

5 情報が広がるのが速いというインターネットの特徴は、どんなことにつながってしまうのですか。

事実かどうかが（　　　）まま、情報が広がること。

6 よく出る！ あ と い の文章の共通点について説明した次の文の、□に合う言葉を書きぬきましょう。

どちらの文章も、インターネットの□□をのべた後、そのために生じる□□についてくわしく説明している。

どちらの文章でも最初の一文に同じ言葉が使われているよ。

ものしりメモ SNS《エスエヌエス》など主にインターネットで発信されるうその情報を「フェイクニュース」というよ。拡《かく》散されて社会に大きなえいきょうをあたえることもあるから注意してね。

まとめのテスト

インターネットは冒《ぼう》険だ

情報のとびら　事実と考え

教科書 44～57ページ
答え 5ページ

時間 20分

得点 /100点

勉強した日　月　日

1 次の文章を読んで、問題に答えましょう。

　インターネットのもう一つの特徴《ちょう》は、読み手の一人一人にとどく情報がちがうということだ。それは、①読み手に合わせた情報をコンピューターが選ぶことができる仕組みがあるためだ。インターネットにはたくさんの情報があるため、コンピューターが自動で自分に合わせたものを選んでくれることは時間の節約にもなり、とても便利である。

　しかし、この仕組みにより、わたしたちは知らず知らずのうちに「②フィルターバブル」というものにおちいる危《き》険がある。これは、自動的に情報が選ばれることで、自分の興味がある情報、自分がそうだと思いやすい情報にかこまれてしまうことだ。この「フィル

2 よく出る ②「フィルターバブル」とありますが、これはどんなものですか。一つに○をつけましょう。〔10点〕

ア（　）自分の興味のある情報や、自分が分かりやすい情報ばかりを選んでしまうこと。

イ（　）自分の興味のある情報や、自分に合っている情報を見のがしてしまうこと。

ウ（　）自分の興味のある情報や、自分がそうだと思いやすい情報にかこまれてしまうこと。

3 ③「見方や考え方がせまくなってしまう」とありますが、どのようになるのですか。一つに○をつけましょう。〔10点〕

ア（　）広い世界にはいろいろな考え方があることに気づく。

イ（　）自分がふれる情報だけが正しいと思ってしまう。

ウ（　）周りの人たちの考えが理解《かい》できなくなってしまう。

4 よく出る 「フィルターバブル」におちいらないようにするためには、だれとどうすることが大切だと筆者はのべていますか。〔10点〕

（　　　　）

言葉の意味プラス
10行 節約…むだに使わないようにすること。　17行 興味…心を引かれること。
23行 思いこむ…そうだと自分で勝手に決めつけて信じること。

ターバブル」に、自分で気づくことはむずかしい。かぎられた情報にしかふれなくなることで、広い世界を見ているつもりでも、いつのまにか③見方や考え方がせまくなってしまうのだ。

自分がふれる情報だけが「正しい」と思いこまないようにするためには、友達や家族などの周りの人たちと話してみることが大切だ。そうすると、ほかの人が見ている情報が少しずつちがっていることに気づくかもしれない。④そのちがいに気づくことで、新たな発見を得ることもできるだろう。

このように、インターネットには危険がひそんでいる。うそや大げさな情報、お金のために情報を拡《かく》散する仕組み、知らない間に「フィルターバブル」におちいる罠《わな》。これらの危険に気づきにくいのは、気軽で便利に使えるための仕組みが、同時に危険を生み出してもいるからだ。

〈藤代《ふじしろ》 裕之《ひろゆき》「インターネットは冒《ぼう》険だ」による〉

1 「①読み手に合わせた情報をコンピューターが選ぶことができる仕組み」について答えましょう。

(1) この仕組みによってもたらされるインターネットの特徴は、どんなことですか。〔10点〕

（　　　　）

(2) この仕組みによって、どんな利点がありますか。〔10点〕

たくさんの情報の中から自分に合わせたものを選んでくれるので、□□□□□になるという利点。

5 「④そのちがいに気づくこと」とありますが、具体的にどんなちがいに気づくことで、どんな利点があるのですか。〔20点〕

書いてみよう!

（　　　　）

チャレンジ

6 インターネットについて、文章の内容に合うもの一つに○をつけましょう。〔10点〕

ア（　）インターネットには危険がひそんでいるが、それに気づきにくいので注意が必要だ。

イ（　）インターネットには危険がひそんでいるが、便利な面もあるので気にせず活用すべきだ。

ウ（　）インターネットの危険について周りの人と話し合うことで、新たな発見を得ることができる。

2 次の文は、どんな内容を表していますか。□から選んで、記号で答えましょう。一つ5〔20点〕

1 今週、西小学校の運動会が行われる。（　）

2 西小学校の運動会は、市内で最ももり上がると思う。（　）

3 西小学校の運動会には多くの人が来るだろう。（　）

4 西小学校の運動会では、リレーも行われる。（　）

ア 事実　イ 考え

ものしりメモ

「フィルターバブル」の「バブル」は、「あわ」のこと。あわのまくに包まれたように、かぎられた情報にしかふれられないじょうたいだということを表しているよ。

基本のワーク

地域《いき》のみりょくを伝えよう

教科書 58〜63ページ

答え 6ページ

勉強した日　月　日

学習の目標

- 調べた情報の整理の仕方を学ぼう。
- 記事の構成や、筋道《すじ》を立てて文章を書くことについて学ぼう。

新しい漢字

教科書61ページ

識　シキ　19画

言 言 訁 訁 訁 諳 識 識 識

▼練習しましょう。

⑴ 識

○新しい漢字　●読みかえの漢字　◆特別な読み方

1 漢字の読み

読みがなを横に書きましょう。

⑴ 意識

2 漢字の書き

漢字を書きましょう。

⑴ 中心を［　　］《いしき》する。

⑴「しき」の字は右側の部分の形に注意して覚えよう。

3

次はタウン誌《し》の記事を書くときの手順を示したものです。（　）に合う言葉を、［　］から選んで書きましょう。

漢字練習ノート8ページ

⑴ 選んだ（　　）について、調べて情報を整理する。

⑵ 記事の（　　）を考え、メモを作る。

⑶ メモをもとに（　　）を書き、文章を推敲《すいこう》する。

⑷ （　　）の配置や見せ方を決める。

資料　構成　題材　記事

最初に、何について記事を書くのか考えて、そのことについて調べるんだよ。

4

整理した情報をもとに、記事の構成メモを作るとき、気をつけるべきことは何ですか。一つに○をつけましょう。

ア（　）整理した情報をもれなくもりこめるような構成を考える。

イ（　）資料や図は使わず、文章だけで伝えられる構成を考える。

ウ（　）書きたいことの中心を意識しつつ、全体の構成を考える。

5 次のタウン誌の記事の一部を読んで、問題に答えましょう。

日本最大級の谷川町商店街

5年1組　坂本　実葉

1わたしの住む町には、1650年ごろからの長いれきしを持つ谷川町商店街があります。全長2.5キロメートルもあり、日本最大級の長さをほこっています。近年、全国の商店街で活気がなくなっているといわれる中で、谷川町商店街がにぎわい続けているのはどうしてなのでしょうか。その理由は、商店街が持つ三つのみりょくにありました。

2一つ目は、利用しやすい場所にあることです。谷川町商店街は町の中心地にあり、近くの駅には三つの鉄道が乗り入れていて、多くの人が行きかっています。近所に住む人はもちろん、遠方からもおとずれやすい商店街なのだと思います。

3二つ目は、お店の種類の多さです。商店街には600ものお店があります。昔ながらのお店もあれば、新しいお店もあり、歩くだけで楽しい商店街です。

4三つ目は、最大のみりょくである、商店街で働く人です。お店の前を通ると、店員さんとお客さんがいつも明るく話しています。インターネットで気軽に物が買えるにもかかわらず、多くの人が商店街をおとずれるのは、人と人とのつながりの温かさを感じられるからなのでしょう。

〈「地域《いき》のみりょくを伝えよう」による〉

1 坂本さんは、どんなことについて、記事を書いていますか。

自分が住む町にある□□□□□□が今でも□□□□□□□いることと、その理由である商店街の三つの□□□□について。

2 よく出る● この記事を二つのまとまりに分けるとすると、二つ目のまとまりは2〜4段《だん》落のどこから始まりますか。

（　　）段落から。

3 1段落では、読み手に問いかける表現を使うくふうをしています。その表現を書きぬきましょう。

□□□□□□□□□□□

4 3段落に書かれた内容について答えましょう。

事実と考えをしっかり分けて読み取ろう。

(1) 調べて分かった事実はどんなことですか。

（　　　　）

(2) 調べて分かった事実から考えたことはどんなことですか。

（　　　　）

ものしりメモ タウン誌《し》の始まりは、1925年にアメリカで発行された「ニューヨーカー」という情報誌だといわれているよ。自分の住む地域《いき》を大切にする心は今も昔も変わらないね。

基本のワーク

漢字の成り立ち

教科書 64～65ページ

答え 6ページ

勉強した日　月　日

学習の目標

●漢字の成り立ちの四つの種類について、理解《かい》しよう。

●一つ一つの漢字の成り立ちを考えよう。

漢字練習ノート8ページ

新しい漢字

教科書65ページ

潔　ケツ　15画

比　ヒ　くらべる　4画

河　カ　かわ　8画

精　セイ　14画

版　ハン　8画

◀練習しましょう。

1 漢字の読み

読みがなを横に書きましょう。

① 清潔　　② 大河　　③ 出版

○新しい漢字　●読みかえの漢字　◆特別な読み方

2 漢字の書き

漢字を書きましょう。

① 色の□□（たいひ）。

② □□（せいしん）を集中する。

3 漢字の成り立ちについて答えましょう。

1 次の成り立ちの漢字を何とよびますか。□から選んで書きましょう。

① 物の形をかたどったもの（　　）

② 事がらを印などで示したもの（　　）

③ 漢字の意味を合わせたもの（　　）

④ 音《おん》を表す部分と意味を表す部分を組み合わせたもの（　　）

形声《けいせい》文字　指事《しじ》文字　象形《しょうけい》文字　会意《かいい》文字

2 次の成り立ちの漢字を、[　]から三つずつ選んで書きましょう。

① 物の形をかたどったもの

例 馬　[　][　][　]

② 事がらを印などで示したもの

例 二　[　][　][　]

③ 漢字の意味を合わせたもの

例 休　[　][　][　]

④ 音を表す部分と意味を表す部分を組み合わせたもの

例 板　[　][　][　]

本	校	鳴	鳥
天	洋	森	犬
理	月	上	明

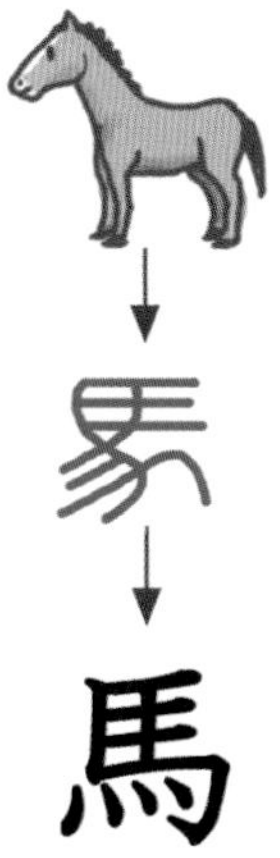
馬

「板」は、「反」の部分が「ハン」という音を、「木」の部分が意味を表しているよ。

3 次の二つの漢字を組み合わせて、会意文字を完成させましょう。

① 心 ＋ 田 → [　]

② 火 ＋ 田 → [　]

③ 山 ＋ 石 → [　]

④ 女 ＋ 子 → [　]

4 次の漢字は形声文字です。例にならって、音を表す部分と、意味を表す部分に分けましょう。

	漢字	音を表す部分	意味を表す部分
例	花	化	艹
①	時		
②	週		
③	想		
④	帳		
⑤	課		

「想」の音は「ソウ」。「ソウ」と読む漢字が部分になっているね。

ものしりメモ
ほとんどの漢字は中国から伝わったものだけれど、日本で作られた漢字もいくつかあるよ。「働」「畑」など、会意《かいい》文字の場合が多いんだ。

勉強した日　月　日

基本のワーク

いにしえの言葉に親しもう

教科書 66～71ページ
答え 7ページ

学習の目標
●昔の人の思いや考えにふれ、そのよさを味わおう。
●「竹取物語《たけとりものがたり》」を、現代語訳《やく》を参考に読もう。

漢字練習ノート9ページ

新しい漢字

教科書 68ページ

漢字	読み	画数	ページ
勢	セイ　いきおい	13画	68
織	シキ　おる	18画	70
紀	キ	9画	70
永	エイ　ながい	5画	70
志	シ　こころざす　こころざし	7画	71

◀練習しましょう。

○新しい漢字
●読みかえの漢字
◆特別な読み方

1 漢字の読み
読みがなを横に書きましょう。

① 勢い　② 織り交ぜる　③ 永遠

2 漢字の書き
漢字を書きましょう。

① □□（きこう）文を読む。
② 強い□□（いし）を持つ。

②「し」の上の部分は、横画の長さに注意して書こう。

3
古文についてまとめました。（　）に合う作品名を、□から選んで書きましょう。

作品名	作者・筆者	内容
①「（　　）」	不明	「かぐやひめ」のお話のもとになった。
②「（　　）」	不明	実際にあった戦いなどの出来事をもとにしている。
③「（　　）」	兼好法師《けんこうほうし》	筆者が自然や生活の中で感じたことを書いている。
④「（　　）」	松尾芭蕉《まつおばしょう》	三百年ほど前に書かれた紀行文。

おくのほそ道　平家物語《へいけものがたり》　竹取物語《たけとりものがたり》　徒然草《つれづれぐさ》

4 次の〈古文〉と〈現代語訳《やく》〉を読んで、問題に答えましょう。

〈古文〉

今は昔、竹取《たけとり》のおきなといふ《う》者ありけり。野山にまじりて竹を取りつつ、①よろづ《ず》のことに使ひ《い》けり。名をば、さぬきのみやつことなむ《ん》いひ《い》ける。

その竹の中に、もと光る竹なむ《ん》一筋《ひとすじ》ありける。あやしがりて、寄《よ》りて見るに、つつの中光りたり。それを見れば、三寸《さんずん》ばかりなる人、②いとうつくしう《しゅう》てゐ《い》たり。

〈現代語訳〉

昔、竹取のおじいさんという人がいました。野や山に分け入って竹を切り取っては、いろいろなことに使っていました。名前を、「さぬきのみやつこ」といいました。

ある日のこと、竹林の中に、③根元の光っている竹が一本ありました。おじいさんが④不思議に思って、近寄《よ》って見ると、竹の中が光っています。その中を見ると、手のひらほどの小さな人が、たいへんかわいらしい様子ですわっています。

（「いにしえの言葉に親しもう」による）

1 〈古文〉の――の言葉の意味を、〈現代語訳〉から書きぬきましょう。

〈古文〉のそれぞれの言葉を〈現代語訳〉と照らし合わせて読もう。

① よろづのこと（　　　）

② いとうつくしうて（　　　）

2 〈現代語訳〉の～～の言葉は、古文のどの言葉を訳したものですか。〈古文〉から書きぬきましょう。

③ 根元の光っている竹（　　　）

④ 不思議に思って（　　　）

3 竹取のおきなは、何を取るために野山に入ったのですか。（　　　）

4 竹取のおきなの名前は何ですか。（　　　）

5 よく出る 竹取のおきなが「それ」を見ると、どんな人がいましたか。〈古文〉と〈現代語訳〉から、それぞれ書きぬきましょう。

古文（　　　）

現代語訳（　　　）

ものしりメモ

2007年９月14日、宇宙航《うちゅうこう》空研究開発機構（JAXA《ジャクサ》）は、月周回衛星「かぐや」を打ち上げたんだ。アメリカのアポロ計画以来最大きぼの月の探《たん》査で、2009年６月11日に終りょうしたよ。

練習のワーク

いにしえの言葉に親しもう

教科書 66〜71ページ　答え 7ページ

勉強した日　月　日

できるナビ
● 「平家物語《へいけものがたり》」の当時の人の考えを読み取ろう。
● 「徒然草《つれづれぐさ》」の筆者の思いをとらえよう。

次の〈古文〉と〈現代語訳《やく》〉を読んで、問題に答えましょう。

あ

〈古文〉

祇園精舎《ぎおんしょうじゃ》のかねの声、
①諸行無常《しょぎょうむじょう》のひびきあり。
娑羅双樹《しゃらそうじゅ》の花の色、
盛者必衰《じょうしゃひっすい》のことわりをあらはす《わ》。
②おごれる人も久しからず、
ただ春の夜《よ》の夢のごとし。
③たけき者もつひ《い》にはほろびぬ、
ひとへ《え》に風の前のちりに同じ。

〈現代語訳〉

祇園精舎という寺のかねの音には、全てのものは移り変わっていくものだという真理が、ひびきの中にこめられています。娑羅双樹の花の色は、今は勢いのさかんな人でも必ずおとろえるという真理を表しています。おごり高ぶっている人でも、ずっとそのままでいることはできません。ちょうど、短くてはかない春の夜の夢のようなものです。勇ましく強い者も、最後にはほろんでしまいます。それは全く、風にふき飛ばされていくちりのようなものなのです。

(2) よく出る● 〰〰と、文の構成や内容がにている二行を、〈古文〉から書きぬきましょう。

（　　　　）
（　　　　）

(3) 「①諸行無常」とは、どんな意味ですか。〈現代語訳〉から書きぬきましょう。

（　　　　）

(4) 「②おごれる人」とは、どんな人ですか。〈現代語訳〉から書きぬきましょう。

（　　　　）

(5) 「③たけき者もつひにはほろびぬ」は、〈現代語訳〉ではどのように書かれていますか。

（　　　　）

2 い について答えましょう。

(1) 次の文章は、この古文について説明したものです。（　）に合う言葉を、□から選んで書きましょう。

● これは（　　　　）という文章の書きだしの部分です。

言葉の意味プラス

10行 真理…どんなときでも変わることがない、正しい道理。　12行 おごり高ぶる…他人をばかにして、思い上がった態度《たい》をとる。　23行 とりとめ…はっきりとした目的。

い 〈古文〉

①つれづれなるままに、
日暮《ひく》らし、すずりに向かひ《（い）》て、
心にうつりゆくよしなしごとを、
そこはかとなく書きつくれば、
②あやしう《（しゅう）》こそものぐるほ《（お）》しけれ。

〈現代語訳〉

何もすることがないまま、③一日中、すずりに向かって、心にうかんでは消えてゆくとりとめのないことを、④何という当てもなく書きつけていると、みょうに変な感じがしてくることです。

〈いにしえの言葉に親しもう〉による

20

1 あについて答えましょう。

(1) 次の文章は、この古文について説明したものです。（　）に合う言葉を、□から選んで書きましょう。

●これは、（　　）という物語の始まりの部分です。

●この物語は、実際にあった（　　）などをもとにして、今から（　　）ほど前に作られました。

「竹取物語《たけとりものがたり》」　「平家物語《へいけものがたり》」　地しん
八百年　百年　戦い

平家の勢いがさかんになり、その後、おとろえていくまでの様子がえがかれているよ。

●この文章は、筆者の（　　）が、身の回りの自然や（　　）の中で感じたり考えたりしたことを書き表したものです。

「徒然草《つれづれぐさ》」　「おくのほそ道」　仕事
松尾芭蕉《まつおばしょう》　兼好法師《けんこうほうし》　生活

(2) よく出る● 「①つれづれなる」とは、どんな意味ですか。〈現代語訳〉から書きぬきましょう。

（　　）

(3) 「②あやしうこそものぐるほしけれ」とは、どんな意味ですか。〈現代語訳〉から書きぬきましょう。

（　　）

(4) 「③一日中」は、古文のどの言葉を訳したものですか。〈古文〉から書きぬきましょう。

（　　）

(5) 「④何という当てもなく」は、古文のどの言葉を訳したものですか。〈古文〉から書きぬきましょう。

（　　）

ものしりメモ　「平家物語《へいけものがたり》」は、生仏《しょうぶつ》という、目の見えない一人の琵琶法師《びわほうし》によって、琵琶をひきながら語られたのが始まりといわれているよ。やがて、当時の琵琶法師たちにひきつがれて広まったんだ。

まとめのテスト

いにしえの言葉に親しもう

教科書 66～71ページ

答え 7ページ

勉強した日　月　日

時間 20分

得点　/100点

1 次の〈古文〉と〈現代語訳《やく》〉を読んで、問題に答えましょう。

〈古文〉

月日は①百代《はくたい》の過客《かかく》にして、
行《ゆ》きかふ《(う)》年もまた旅人なり。
②舟《ふね》の上に生涯《しょうがい》をうかべ、
馬の口とらへ《(え)》て
老《お》いをむかふ《(う)》る者は、
日々旅にして、
旅をすみかとす。

〈現代語訳〉

月日は永遠にとどまることのない旅人のようなもので、やってきては去ってゆく年もまた旅人のようなものです。（船頭《せんどう》と

2 次の短歌と文を読んで、問題に答えましょう。

なせば成るなさねば成らぬ何事も
①成らぬは人のなさぬなりけり

上杉鷹山《うえすぎようざん》がよんだ短歌

②天は人の上に人を造《つく》らず、人の下に人を造らずといへ《(え)》り。

福沢諭吉《ふくざわゆきち》「学問のすゝ《(す)》め」より

〈「いにしえの言葉に親しもう」による〉

1 よく出る● ①「成らぬは人のなさぬなりけり」は、どんな意味ですか。一つに○をつけましょう。〔20点〕

ア（　）えらい人になれないのは、その人にたいした才能《のう》がないからだ。

イ（　）やりとげられないのは、人のあとをついて行動しているからだ。

ウ（　）やりとげられないのは、強い意志を持って行動していないからだ。

2 ②「天は人の上に人を造らず」とは、どんなことを言っていますか。（　）に合う言葉を、[　]から選んで書きましょう。一つ5〔10点〕

言葉の意味プラス　8行　とどまる…同じところに動かないでいる。

して）舟の上で一生を過ごす人や、（馬方《うまかた》として）馬で人や荷物を運びながら年を取っていく人は、毎日の生活が旅であって、旅の中にくらしているのです。

〈「いにしえの言葉に親しもう」による〉

1 「①百代の過客」とは、どんな意味ですか。〈現代語訳〉から書きぬきましょう。 一つ5〈10点〉

（　　　）にとどまることのない（　　　）。

2 「②舟の上に生涯をうかべ」について答えましょう。

(1) よく出る● これはどんな職《しょく》業の人のことですか。 〈10点〉

(2) (1)の職業のほかに、どんな職業の人のことが書かれていますか。 〈10点〉

チャレンジ！ (3) (1)や(2)のような職業の人は、どんな生き方をしているのですか。〈現代語訳〉の言葉を使って書きましょう。 〈20点〉

（　　　）

人は本来、上下の別なく（　　　）である。だから、一人一人が（　　　）を身につけて、自立した人間にならなければならない。

学問　経験《けい》　自由　平等

3 「竹取物語《たけとりものがたり》」と「平家物語《へいけものがたり》」について、合うものを□から選んで、記号で答えましょう。同じ記号を二回使ってもかまいません。 全てできて一つ5〈10点〉

① 「竹取物語」（　）（　）（　）

② 「平家物語」（　）（　）（　）

ア 千年以上も前に書かれた。
イ 作者ははっきりしていない。
ウ 実際にあった戦いの様子をえがいている。
エ 「かぐやひめ」の名で知られている。

4 「徒然草《つれづれぐさ》」と「おくのほそ道」について、合うものを□から選んで、記号で答えましょう。 全てできて一つ5〈10点〉

① 「徒然草」（　）（　）

② 「おくのほそ道」（　）（　）

ア 筆者は松尾芭蕉《まつおばしょう》である。
イ 筆者は兼好法師《けんこうほうし》である。
ウ 筆者自身の生活の中で、感じたり考えたりしたことを書き表している。
エ 東北・北陸などの旅で見聞きしたことを記した紀行文。

ものしりメモ 有名な古典には、他にも「万葉集《まんようしゅう》」「古今和歌集《こきんわかしゅう》」「源氏物語《げんじものがたり》」「今昔物語集《こんじゃくものがたりしゅう》」「方丈記《ほうじょうき》」など、たくさんの作品があるよ。

基本のワーク

世界でいちばんやかましい音
漢字を使おう3／言葉相談室　思考に関わる言葉

教科書 72〜91ページ
答え 8ページ
勉強した日　月　日

学習の目標
● 物語の組み立てをとらえよう。
● 物語の山場で起きた変化をとらえ、登場人物の気持ちを考えよう。

漢字練習ノート9〜12ページ

新しい漢字

◀練習しましょう。

教科書ページ	漢字	読み	画数
79	歴	レキ	14画
79	史	シ	5画
80	喜	キ　よろこぶ	12画
80	賛	サン	15画
82	職	ショク	18画
84	任	ニン　まかせる	6画
89	仏	ブツ　ほとけ	4画
89	招	ショウ　まねく	8画
89	状	ジョウ	7画
89	殺	サツ　ころす	10画
89	態	タイ	14画
90	仮	カ　かり	6画
90	断	ダン　ことわる	11画
90	判	ハン　バン	7画
91	測	ソク　はかる	12画
91	条	ジョウ	7画

1 漢字の読み　読みがなを横に書きましょう。

① ○歴史
② ○喜ぶ
③ ○職場
④ ○仏像
⑤ 思いの●外

○新しい漢字　●読みかえの漢字　◆特別な読み方

4 言葉の意味　○をつけましょう。

① 74ページ 口を開けば、わめくか、どなる。
ア（　）大きな声で笑う。
イ（　）大きな声で泣く。

2 漢字の書き

漢字を書きましょう。

① □□《さんせい》する。

② 仕事を□《まか》せる。

③ □□□《しょうたいじょう》を出す。

④ □□《たいど》を正す。

⑤ 公正な□□《はんだん》。

⑥ □□《よそく》する。

3 四年生の漢字

漢字を書きましょう。

① □□《やくそく》する。

② □□《えいご》を話す。

③ 住所と□□《しめい》を書く。

内容をつかもう！

☆ 世界でいちばんやかましい音

教科書 74～85ページ

物語を①～④の場面に分けました。場面の内容に合うものを［　］から選んで、記号で答えましょう。

王子は誕《たん》生日に、世界でいちばんやかましい音を聞きたかったんだよ。

① 始まりの場面 （　）

② 山場に向かって進んでいく場面 （　）（　）

③ 山場（最も大きな変化が起きる重要なところ） （　）

④ 終わりの場面 （　）

ア ガヤガヤの町の王子の誕生日に、「世界でいちばんやかましい音」でお祝いすることになった。

イ ガヤガヤの町は、世界でいちばん静かで平和な町になった。

ウ 王子の誕生日に町は静まり返り、王子は自然の音を生まれて初めて聞いた。

エ 世界でいちばんやかましい所は、ガヤガヤという都だった。

オ 人々は、ほかの人のさけぶ声を聞くため、自分だけ声を出さないようにしようと考えた。

ウ（　）大きな声でさけぶ。

② 74 けたたましい音で笛をふく。

ア（　）低くて、地ひびきのような。

イ（　）高くて、とてもさわがしい。

ウ（　）高くて、気持ちのよい。

③ 76 とりわけやかましいのは王子様だ。

ア（　）なかでも特に。

イ（　）予想どおり。

ウ（　）予想もできないほど。

④ 80 誕《たん》生日の話で持ちきりだ。

ア（　）仕事がはかどらないこと。

イ（　）何の役にも立たないこと。

ウ（　）そのことだけが話されること。

⑤ 82 おひざ元の町の人。

ア（　）旅行で立ち寄《よ》ったところ。

イ（　）権《けん》力者の力が直接およぶところ。

ウ（　）遠くはなれたところ。

⑥ 82 誕生日を台なしにする。

ア（　）めちゃめちゃになる様子。

イ（　）とても変わったものになる様子。

ウ（　）自由で楽しいものになる様子。

ものしりメモ

音の大きさを表す単位としては、dB（デシベル）が使われているよ。一般《ぱん》の人間が聞こえる最小の大きさをきじゅん（0 dB）として、それよりどれだけ大きいかを測るんだ。

練習のワーク1

世界でいちばんやかましい音

教科書 72～91ページ　答え 8ページ

勉強した日　月　日

できるナビ
- 王子様の望むことや考え方を読み取ろう。
- 王様がどんなことを考えたかとらえよう。

次の文章を読んで、問題に答えましょう。

さて、あと一月半もすると王子様の誕《たん》生日が来るというある日、王様は、王子様をよんで、①誕生日のおくり物には何がいいかと聞きました。

「ぼく、世界でいちばんやかましい音が聞きたい。」

と、王子様は言いました。

「②よろしい。」

と、王様は言いました。

「それでは、わが近衛《このえ》軍楽隊に命じて、その日は、朝からばんまで、とびきりやかましい音でたいこをたたかせよう。」

「でも、その音なら、ぼく、前に聞いたことがあるよ。あれじゃ、世界でいちばんやかましい音にはならないよ。」

と、王子様は、不満そうに言いました。

「よろしい。では、そのうえに、その日は、わが町の警《けい》官を全員動員して、朝からばんまでとびきりけたたましい音で、笛を鳴らさせよう。」

「それも前に聞いたことがあるよ。それだけじゃ足りないよ。」

と、王子様は言いました。

「では、これはどうじゃ？　その日は、学校を全部休みにする。そして、子どもたちは一日うちにいて、朝からばんまで、と

1 ①「誕生日のおくり物には何がいいかと聞きました」について答えましょう。

(1) 王様は、いつ、王子様に「誕生日のおくり物には何がいいか」と聞いたのですか。

王子様の誕生日が来る（　　　　）。

(2) 王子様は、何がしたいと王様に言いましたか。

（　　　　　　　　）

(3) 王様は、王子様がしたいことについて案を出しています。いくつ出しましたか。

（　　）つ

2 ②「よろしい。」と言った王様は、最初、王子様の誕生日に何をさせようと言いましたか。

近衛軍楽隊に、朝からばんまで、□□□□□□□□□□□で□□□をたたかせよう。

言葉の意味プラス　8行 近衛《このえ》…王様を守ること。また、その兵士。　14行 動員…あることを行うために、たくさんの人を集めること。　20行 ～まくる…～を休みなく、さかんに行う。

びきり大きな音で、そこいら中《じゅう》の戸という戸をけりまくるようにさせるのじゃ。どうだ、これでいいだろう？」

「うん、少しはいいと思うけど。」

と、王子様は言いました。

「でも、それだって、世界でいちばんやかましい音というわけにはいかないと思うんだ。」

王様は、たいへんやさしいかたでした。でも、③だんだんいらいらし始めました。

「いったい、どうすりゃ気がすむんだ？　おまえに何かいい考えでもあるのか？」

「うん、ぼく、ずうっと前から考えてたんだ。世界中の人が、一人残らず、同時にどなったら、どんな音になるだろうって。何百万、何千万、何億もの人が、みんないっしょに『ワアー。』ってさけんだら、きっと、それが、世界でいちばんやかましい音だと思うんだ。」

「ふうむ。」と、王様は考えこみました。考えれば考えるほど、これはおもしろいという気がしてきました。

「こいつは、いける。」と、王様は思いました。「それに、もし、これを実現させたら、わしは、全世界の人間に同時に同じことをさせた世界最初の王として、歴史に名前が残るわけじゃ。」

「④よし、やってみよう！」

と、王様は言いました。

〈ベンジャミン・エルキン文　松岡《まつおか》 享子《きょうこ》訳《やく》「世界でいちばんやかましい音」による〉

3 よく出る　「③だんだんいらいらし始めました」とありますが、王様はなぜいらいらし始めたのですか。一つに○をつけましょう。

ア（　）世界でいちばんやかましい音を、王様が今聞きたくてたまらなくなったから。

イ（　）せっかく王様が考えて出した案を、王子様が次々とことわってしまうから。

ウ（　）王子様が王様の案をことわるのは、王様に意地悪をしているのだと気がついたから。

4 よく出る　王子様の考えた、世界でいちばんやかましい音とはどんな音でしたか。

世界中の人が、（　　　　）、

「ワアー。」と（　　　　）ときの音。

王子様は、「ずうっと前から考えてたんだ」と言っているね。

5 「④よし、やってみよう！」とありますが、王様が、王子様の案をやってみようと思ったのはなぜですか。

「こいつは、いける。」の後に王様が考えたことに注目しよう。

これを実現させたら、自分は、

（　　　　）

から。

ものしりメモ　日常《じょう》生活では、40 ～ 60 dB（デシベル）くらいがいいかんきょうなんだって。カラオケの客席では約 90 dB、航《こう》空機のエンジンの近くでは約 120 ～ 140 dB ものそう音になるそうだよ。

練習のワーク②

世界でいちばんやかましい音

教科書 72～91ページ
答え 8ページ

勉強した日　月　日

できるナビ
●王子様の誕生《たん》日に、世界中の人たちがどうしようと思っているのかをとらえよう。

次の文章を読んで、問題に答えましょう。

日がたち、王子様の誕生《たん》日が近づくにつれて、興奮《ふん》は、どんどん高まっていきました。どこの国でも、ギャオギャオ王子の誕生日のことで、話は持ちきりでした。世界中どこへ行っても、どんな小さな村へ行っても、このことでポスターの出ていない国はありませんでした。そして、①ポスターには、その国の言葉で、正確に、何月何日、何時何分にさけぶかということが書いてありました。その時刻《こく》が来たら、みんな、ありったけの声で、

「ギャオギャオ王子、お誕生日おめでとう！」

と、さけぶことになっていました。

ある日のことでした。ガヤガヤからずっとずっとはなれた、ある小さな町で、一人のおくさんがだんなさんに話をしていました。

「ねえ、あなた。わたしはね、わめくのはいいと思うのよ。でも、②ちょっと気になるのはね、自分がありったけの声でさけんでしまったら、ほかの人の声が聞こえないってことなの。だって、そうでしょう。自分の声しか聞こえませんもの。だけど、わたし、世界でいちばんやかましい音というのを、ちょっと聞いてみたい気がするの。」

1 「①ポスター」には、どんなことが書いてありましたか。

その国の（　　　）で、正確に、（　　　）、（　　　）にさけぶかということ。

2 「②ちょっと気になる」とありますが、一人のおくさんは、どんなことが気になったのですか。

自分も（　　　）を聞いてみたいのに、自分が（　　　）でさけんだら、その音が聞こえなくなってしまうこと。

おくさんの言葉を最後までよく読んでみよう。

3 よく出る● 「③すばらしい考え」とありますが、どんな考えですか。

おくさんの言ったことに対する、だんなさんの返事のことだよ。

さけぶときに、ほかの人といっしょに（　　　）だけは開けて、自分は（　　　）でいて、ほかの人の出す声がどんなものかを聞く、という考え。

言葉の意味プラス
27行　悪気…人をきずつけたり、だましたりしようとする気持ち。

「おまえの言うとおりだ。」

と、だんなさんは言いました。そして、しばらく考えてから、こう言いました。

「どうだろう、そのとき、ほかの人といっしょに口だけは開けて、声は出さないでいたら？ そうすれば、ほかの連中の出す声が、いったいどんなものか聞けるわけだ。」

おくさんは、これは③すばらしい考えだと思いました。そして、別に④悪気はなかったのですが、近所のおくさんたちにこの話をしました。

別に悪気はなかったのですが、近所のおくさんたちは、だんなさんにこの話をしました。

別に悪気はなかったのですが、だんなさんたちは、職場で、同りょうにこの話をしました。

別に悪気はなかったのですが、その人たちは、友達にこの話をしました。友達はその友達に話しました。

やがて、世界中の人たち、おひざ元のガヤガヤの町の人たちさえ、そのときが来たら、口だけは開けて、声は出さないで、ほかの人のさけぶ声を聞こうと、ひそひそ言いかわすようになりました。

だれも、王子様の誕生日を台なしにするつもりはありませんでした。でも、みんな、こう考えたのです。

「わたし一人くらいだまってたって、分からないわ。だって、何百万、何千万、何億って人がさけぶんですもの。ほかの人がさけんでいる間、わたしは静かにして、どんな音になるか耳をすましていましょう。」


〈ベンジャミン・エルキン文　松岡《まつおか》 享子《きょうこ》訳《やく》「世界でいちばんやかましい音」による〉

4 ③の「すばらしい考え」は、どのようにして世界中に広まったのですか。

別に（❶　　）はなかったのだが、一人のおくさんがこの「すばらしい考え」を（❷　　）のおくさんたちに話し、その人たちが（❸　　）にこの話をし、その人たちが（❹　　）で同りょうにこの話をし、さらに、その人たちが（❺　　）にこの話をし、その人たちがその（❻　　）に話して、広まっていった。

5 書いてみよう！ ④「悪気」とありますが、ここではどんなことが「悪気」になりますか。

（　　　　）

6 よく出る ③の「すばらしい考え」が、うまくできると思ったのは、みんながどのように考えたからですか。会話文の中からそのことが分かる一文を書きぬきましょう。

ものしりメモ　音は、水や空気などのしん動（ふるえ）として伝わるんだよ。だから、空気のないうちゅうでは、音が聞こえないんだって。

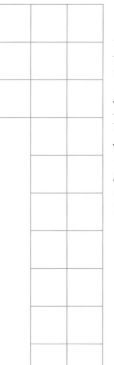

まとめのテスト

世界でいちばんやかましい音
言葉相談室　思考に関わる言葉

教科書 72～91ページ　答え 9ページ

勉強した日　月　日

時間 20分

得点　/100点

1 次の文章を読んで、問題に答えましょう。

さて、いよいよ①ギャオギャオ王子の誕《たん》生日がやってきました。世界中いたる所で、人々は、広場や、集会場に集まっていました。人々の目は、じいっと時計に注がれていました。カチッカチッと時計の秒針《しん》が動き、約束のしゅんかんが近づきます。息づまるような興奮《ふん》が、電気のように世界中をかけめぐりました。

もちろん、ガヤガヤの町では、興奮は、その極《きょく》に達していました。人々は、宮殿《でん》の前の広場に集まっていました。②王子様は、宮殿のバルコニーから身を乗り出して、世界でいちばんやかましい音が始まるのを、今か今かと待っていました。

十五秒前……十秒前……五秒前……

三、二、一、それっ！

何百万、何千万、何億という人が、世界でいちばんやかましい音を聞くために耳をすましました。そして、その何億という人の耳に聞こえたのは、全くのちんもくでした。だれもかれもが、ほかの人の声を聞こうとして、声を出さなかったからです。だれもかれもが、仕事は人に任せて、自分はその結果だけを楽しもうとしたからです。

1 「①ギャオギャオ王子の誕生日がやってきました」とありますが、誕生日の約束のしゅんかんが近づくと、世界中はどんな様子になりましたか。〔10点〕

（　　　　）が、電気のように世界中をかけめぐった。

2 チャレンジ！ 「②王子様は、宮殿のバルコニーから身を乗り出して」とありますが、王子様はなぜ、宮殿のバルコニーから身を乗り出していたのですか。〔20点〕

（　　　　）

3 誕生日の約束のしゅんかん、どんなことが起こりましたか。一つ5〔20点〕

世界中の人たちが、（❶　　）を聞くために、自分では（❷　　）を出さずに耳を（❸　　）ので、全くの（❹　　）しか聞こえなかった。

言葉の意味プラス
2行　いたる所で…どこでも。あちらこちらで。
8行　バルコニー…屋根のないベランダ。

さて、かんじんのガヤガヤの町では、どうだったでしょう？

この町の歴史が始まって以来、初めて、ガヤガヤの町は、しいんと静まり返りました。世界でいちばんやかましい音で、王子様の誕生日をお祝いするはずだったのに……。

人々は、王子様に悪いことをしたと思いました。③申しわけなさとはずかしさで、人々は、頭をたれ、こそこそと家に帰りかけました。

ところが、急に、足を止めました。あれは、何でしょう？ 宮殿のバルコニーから聞こえてくる、あの音は？

まさかと思いましたが、まちがいありません。王子様です。王子様がうれしそうに手をたたいているのです！ 王子様は、しきりにはしゃいで、とんだりはねたりしながら、庭の方を指差していました。

生まれて初めて、王子様は、小鳥の歌を聞いたのです。木《こ》の葉が風にそよぐ音を、小川を流れる水の音を聞いたのです。生まれて初めて、王子様は、人間の立てるやかましい音ではなく、自然の音を聞いたのです。生まれて初めて、王子様は、静けさと落ち着きを知ったのです。そして、④王子様は、それがすっかり気に入りました。

〈ベンジャミン・エルキン文 松岡《まつおか》 享子《きょうこ》訳《やく》「世界でいちばんやかましい音」による〉

4 よく出る ③「申しわけなさとはずかしさ」とありますが、人々は、どんなことを申しわけないと思っているのですか。一つに○をつけましょう。〔15点〕

ア（　）自分たちのせいで、王子様の誕生日のお祝いができなかったこと。

イ（　）いっしょうけんめいに声を出した世界中の人たちをうらぎったこと。

ウ（　）世界でいちばんやかましい音を、世界中のだれもが聞けなかったこと。

5 よく出る ④「王子様は、それがすっかり気に入りました」とありますが、王子様はなぜ満足したのですか。一つに○をつけましょう。〔20点〕

ア（　）静かな中で音を出すと、かえってその音が目立ってやかましく聞こえることが分かったから。

イ（　）自分がはしゃいで、とんだりはねたりする音が、これまでになくはっきりと聞こえたから。

ウ（　）生まれて初めて、自然の音を聞き、静けさと落ち着きを知ったから。

2 次のときに使う言葉を、[　]から選んで、記号で答えましょう。 一つ5〔15点〕

❶ これから起こることを前もっておしはかるとき。（　）

❷ 事実かどうかに関係なく仮にそうだと考えるとき。（　）

❸ 証拠《しょうこ》などによって、はっきりと判断するとき。（　）

ア 断定する　イ 仮定する　ウ 予想する

ものしりメモ 音が伝わる速さを「音速《おんそく》」というよ。空気中では毎秒約340メートル、水中では毎秒約1500メートルで、水中のほうが速く音が伝わるんだよ。

基本のワーク

新聞記事を読み比べよう
季節の足音――夏

教科書 92～103ページ

答え 10ページ

勉強した日 月 日

学習の目標

● 新聞記事を読み比べ、共通点やちがう点をとらえよう。

● 書き手の意図がどう表れているか読み取ろう。

漢字練習ノート12ページ

新しい漢字

教科書ページ

教科書ページ	漢字	読み	筆順	画数
94	常	ジョウ・つね	常	11画
94	均	キン	均	7画
95	件	ケン	件	6画
95	故	コ	故	9画
95	政	セイ	政	9画
95	編	ヘン・あむ	編	15画
97	刊	カン	刊	5画

◀練習しましょう。

1 漢字の読み 読みがなを横に書きましょう。

① 常に ② 平均 ③ 事件 ④ 事故 ⑤ 政治 ⑥ 編集 ⑦ 朝刊

「故」は「古」の部分が、「政」は「正」の部分が音《おん》を表しているよ。

○新しい漢字
●読みかえの漢字
◆特別な読み方

2 漢字の書き 漢字を書きましょう。

① 文字の量を［へいきん］する。

② 国内の［じけん］。

3 言葉の意味 ○をつけましょう。

① 92ページ 書き手の意図によって決まる。

ア（ ）こうなりたいという願い。
イ（ ）いやだと思う気持ち。
ウ（ ）こうしようという考え。

② 92ページ 送り手からのメッセージを伝える。

ア（ ）質問。
イ（ ）伝えたいこと。
ウ（ ）要求。

③ □□《じこ》が起きる。

④ □□《せいじ》の話題。

⑤ 記事を□□《へんしゅう》する。

⑥ □□《ちょうかん》を読む。

内容をつかもう！

新聞記事を読み比べよう

教科書を読んで答えましょう。 教科書 94～99ページ

1 新聞記事を構成する事がらの説明に合うものを［ ］から選んで、記号で答えましょう。

① 見出し （　　）
② リード （　　）
③ 本文 （　　）
④ キャプション （　　）

ア 出来事をくわしく書いた文章で、解《かい》説が加わる場合もある。
イ 記事の内容を短く書き表したもので、記事の題に当たる。
ウ 写真や図にそえられた短い文で、その内容を説明する。
エ 記事の内容を短くまとめたもので、見出しの後に付ける。

2 次の見出しや小見出しは、何を中心に伝えようとしていますか。［ ］から選んで、記号で答えましょう。

① 金メダル　13歳《さい》が頂《ちょう》点へ／大技《わざ》連発　最下位からの大逆《ぎゃく》転 （　　）
② もみじスマイル　夏空に咲《さ》く／「楽しく滑《すべ》る」をいつもだいじに （　　）

ア 優《ゆう》勝した選手の、ふだんと同じ笑顔《えがお》が印象《しょう》的だったこと。
イ 13歳の少女が、劇《げき》的な大逆転で優勝したということ。

書き手によって、記事の中心は大きく変わるんだね。

---

③ 92 さまざまな情報に接する。
ア（　）初めて聞くお話や物語。
イ（　）いろいろな意見やうわさ。
ウ（　）物事の内容や事情の知らせ。

④ 94 実際に、学級新聞を作った。
ア（　）とりあえず。
イ（　）現実に。本当に。
ウ（　）見本として。

⑤ 95 国際の分野の記事。
ア（　）複数の国に関係していること。
イ（　）日本以外の国の出来事。
ウ（　）いろいろな国に行くこと。

⑥ 96 記事の内容のあらましをつかむ。
ア（　）だいたい。おおよそ。
イ（　）全て。全部。
ウ（　）一部分。

⑦ 96 六つの要素《そ》をおさえる。
ア（　）注意しなければならないこと。
イ（　）もとになる、大切なもの。
ウ（　）はっきりと分かるちがい。

⑧ 96 出来事の状況《きょう》を伝える。
ア（　）良いか悪いかということ。
イ（　）かくされている事がら。
ウ（　）そのときの物事の様子。

ものしりメモ
1864年６月に現神奈川県横浜《よこはま》市で、ジョセフ・ヒコ（日本名：浜田彦蔵《はまだひこぞう》、1837～1897）が、日本で初めて民間の新聞を発行したといわれているよ。

練習のワーク

新聞記事を読み比べよう

教科書 92〜103ページ　答え 10ページ

勉強した日　月　日

できるナビ
新聞の特徴《ちょう》や、メディアから情報を受け取るときの注意点を理解《かい》しよう。

次の文章を読んで、問題に答えましょう。

1 わたしたちは毎日の生活の中で、さまざまな情報に接しています。新聞、テレビ、インターネットなど、情報を伝えるための手段《だん》のことを①メディアといいます。メディアは、常に、受け手に送り手からのメッセージを伝えようとします。そのため、②メディアから情報を受け取るときには、そこにどのような送り手のメッセージがあるのかを考えることが大切です。

2 メディアの中でも③新聞は、みなさんにとって身近なものの一つといえるでしょう。実際に新聞を読んだり学級新聞を作ったりした経《けい》験のある人も、多いのではないでしょうか。

3 新聞は、社会の出来事を速く多くの人に知らせるための印刷物です。

4 全国に向けて発行されている新聞の一ページに入る文字の量は、平均すると約一万八百字になるといわれ、これは、四百字づめの原

2 1段《だん》落は、どんな働きをしていますか。一つに○をつけましょう。

ア（　）メディアと「新聞」の関係を明らかにする働き。
イ（　）「新聞」が最もメディアらしいことを説明する働き。
ウ（　）これからのべる「新聞」という話題につなげる働き。

この段落は、「前書き」だね。

3 「②メディアから情報を受け取るときには、そこにどのような送り手のメッセージがあるのかを考えることが大切です」とありますが、それはなぜですか。

（　　　　　　　　　　）

4 「③新聞」とは、どういうものだとのべていますか。二十四字で書きぬきましょう。

言葉の意味プラス
3行 常に…いつも。絶えず。 23行 けいさい…新聞や雑誌《し》などにのせること。
25行 背景《はい》…事件などのうらにある事情やえいきょうしているものなど。

こう用紙約二十七枚《まい》分に当たります。

5 新聞には、国内外の事件や事故などの出来事について伝える④報道記事のほか、社説、コラム、解説《かい》、投書など、いろいろな種類の文章がけいさいされています。報道記事は、事実を伝えることが中心ですが、それに加え、その出来事が起きた原因や背景《はい》、また、これからどうなるかという見通しや、社会におよぼすえいきょうなど、解説も書かれています。

6 新聞の紙面は、社会、経済《ざい》、政治、産業、国際、教育、文化、スポーツなど、話題の分野別に構成されています。読者の興味や関心に応じて、どの紙面からでも、どの記事からでも読めるように編集されているのも、⑤新聞の特徴《ちょう》の一つといえるでしょう。

7 また、新聞には、多くの写真や図表がけいさいされています。それらは、記事の書き手が読み手に発信したメッセージを強める働きも持っています。新聞を読むときは、記事を読み取るだけでなく、資料としての写真や図表を読みとくことも大切です。つまり、文字として表された言葉と資料の内容とを関連づけて、そこから書き手のメッセージを読み取る力が必要になってくるのです。

〈「新聞記事を読み比べよう」による〉

1 「①メディア」とは、どういうものですか。十一字で書きぬきましょう。

5 「④報道記事」は、事実を伝えることに加えて、どんなことが書かれているのですか。

（　　　　）

6 よく出る 「⑤新聞の特徴の一つ」とは、どんなことですか。

紙面が、話題の分野別に構成されており、（　　　　）。

7 よく出る 新聞を読むときに最も大切なことは何だと、筆者はのべていますか。一つに○をつけましょう。

ア（　）記事にどのような書き手のメッセージがあるのかを考えること。

イ（　）記事を読み取り、資料としての写真や図表を読みとくこと。

ウ（　）記事を全面的に受け入れ、書き手のメッセージをしっかり受け取ること。

「書き手のメッセージ」とは、1段落にある「送り手のメッセージ」と同じだよ。

ものしりメモ 新聞に続けてのせられる小説を「新聞小説」というよ。1914年（大正《たいしょう》3年）発表の、夏目漱石《なつめそうせき》の有名な小説「こころ」も、新聞小説だったんだよ。

まとめのテスト

新聞記事を読み比べよう
季節の足音――夏

教科書 92～103ページ　答え 10ページ

勉強した日　月　日

時間 20分

得点　/100点

1 「記事A《エー》」・「記事B《ビー》」を読んで、問題に答えましょう。

教科書 98ページ1行（金メダル　13歳《さい》が頂《ちょう》点へ……）～99ページ下段11行（……見せてくれるにちがいない。）

1 よく出る● 記事の内容のあらましをつかみたいとき、どれを読めばいいですか。一つに○をつけましょう。〔5点〕

ア（　）見出し
イ（　）リード
ウ（　）本文

2 記事の見出し・リードと本文との関係について、合うもの一つに○をつけましょう。〔5点〕

ア（　）見出し・リードで問題点を取り上げて、本文でその答えをのべている。

イ（　）見出し、リード、本文はそれぞれ独《どく》立して、新しい情報を伝えている。

ウ（　）見出し・リードに書かれていることは、本文の中心に書かれていることと同じである。


チャレンジ！

3 記事Aと記事Bの内容の共通点とちがう点をまとめました。合う言葉を書きぬきましょう。　教科書 98～99ページ　一つ5〔35点〕

共通点

① 西矢椛《にしやもみじ》選手が、（　　）で初めて正式種目になった（　　）で優《ゆう》勝し、（　　）を獲《かく》得したこと。

② 13歳で優勝するのは、日本勢史上（　　）であること。

③ 決勝のとちゅうまで最下位だった西矢選手は、残り3本の（　　）で大技《わざ》を決めて逆《ぎゃく》転したこと。

ちがう点

① 記事（　）では、西矢選手が大技を決めたときの様子がくわしく説明されていないこと。

② 記事（　）では、優勝を決めたときの西矢選手の表情についてくわしく説明されていないこと。

言葉の意味プラス
教科書98ページ下段《だん》1行　おどり出る…目立つ場所に勢いよく出てくる。
98ページ下段4行　果敢《かん》…思い切って行動する様子。

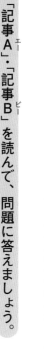

4 記事Aと記事Bにけいさいされている写真について答えましょう。 教科書 98～99ページ

(1) 二つの記事の写真について、ちがう点をまとめました。合う言葉を、[　]から選んで書きましょう。 一つ5〔20点〕

記事Aの写真は、西矢選手を（　　　）でとらえて（　　　）の様子が分かるようにしているのに対して、記事Bの写真は、西矢選手を（　　　）でとらえて（　　　）が分かるようにしている。

アップ	ロング	表情	全身

書いてみよう!

(2) (1)でまとめた二つの記事の写真のちがいから、それぞれの記事がどんなことを読者に伝えたかったことが分かりますか。見出しの中の言葉に注意しながら書きましょう。 一つ10〔20点〕

❶ 記事A（　　　　　　　　）

❷ 記事B（　　　　　　　　）

---

2 次の短歌と俳句を読んで、問題に答えましょう。

あ 最上川《もがみがわ》の上空にして残れるは
いまだうつくしき虹《にじ》の断片《だんぺん》
斎藤《さいとう》 茂吉《もきち》

い 遠雷《らい》やはづ《ず》してひかる耳かざり
木下《きのした》 夕爾《ゆうじ》

1 よく出る● あの短歌は、どんなときによまれたものですか。一つに○をつけましょう。〔5点〕

ア（　）雨があがって、虹が出てきたとき。

イ（　）雨の後に晴れて、虹が消えてしまったとき。

ウ（　）雨あがりに出た虹が消え始めたとき。

2 いの俳句について答えましょう。

(1) 「ひかる」とありますが、何がひかったのですか。〔5点〕

（　　　　　　　　）

(2) この俳句は、どんなときの様子を表現していますか。一つに○をつけましょう。〔5点〕

ア（　）遠くに雷《かみなり》の音が聞こえているときの様子。

イ（　）雨が上がり、太陽が出てきたときの様子。

ウ（　）自分のすぐ近くに雷が落ちたときの様子。

ものしりメモ

東京五輪(2021年)で、西矢《にしや》椛《もみじ》選手が金メダルを獲《かく》得するまでの日本勢最年少金メダリストは、バルセロナ大会(1992年)、競泳女子200メートル平泳ぎの岩崎恭子《いわさききょうこ》さんで、14歳《さい》と6日だったんだよ。

基本のワーク

五年生の本だな
未来を生きる君へ　全ては、一つの言葉から

教科書　104～111ページ
答え　11ページ
勉強した日　月　日

学習の目標
●本に対する筆者の思いを読み取ろう。
●プログラミングの話を通して、筆者が伝えたいことをとらえよう。

1　五年生の本だな

次の文章を読んで、問題に答えましょう。

本を読んでいると①自分がゆたかな人間だと分かります。泣いたり、笑ったり、あこがれたり、興奮《ふん》したり、自分の中にさまざまな感情がつまっていることに気がつくのです。あっ、わたし、こんなことで泣くんだ。こんなことにはらを立てるんだ。ああ、こんな生活がしてみたい。今まで知らなかった自分に出会えるのです。それってすてきだと思いませんか。それにね、一冊《さつ》の本を読み終えたとき、読む前のあなたとは、ほんのちょっぴりだけれどちがっているのですよ。一冊の本の世界を知ったことで、あなたは変わったのです。気がつかないうちにね。②それもすてきでしょう。だから、できれば、あなたに本と仲良くなってもらいたいのです。

〈あさの　あつこ「すてきなこと」による〉

1　よく出る　①「自分がゆたかな人間だと分かります」とありますが、どうして、ゆたかな人間だと分かるのですか。

●自分の中に（　　　　）がつまっていることに気がつくから。

●今まで（　　　　）に出会えるから。

筆者は、「それってすてきだと思いませんか。」とのべているね。

2　②「それ」とは、どんなことですか。

一冊の本を読み終えたとき、その一冊の本の世界を知ったことで、（　　　　）うちに自分が（　　　　）こと。

3　この文章で、筆者が最も伝えたいことはどんなことですか。

（　　　　）ということ。

言葉の意味プラス

② 5行　試行錯誤《さくご》…いろいろな方法をためして、失敗しながら成功を目指すこと。
19行　分かち合う…おたがいに分け合う。

2 次の文章を読んで、問題に答えましょう。

「プログラミングってむずかしそう。」[①]と思うかもしれませんね。でも、指示がまちがっていてもコンピューターはいやがらないため、くり返し挑《ちょう》戦することができます。さらに、試行錯誤《さくご》する中で、ふだん何気なく使っている言葉が、実はいろいろな情報をふくんでいることに気づくでしょう。[②]小さな失敗をくり返しながら、一つ一つの言葉をつむぎ、思いどおりの形を作っていく。その積み重ねて、この世界になかったものが、いつか生まれるかもしれません。やりたいことが、プログラミングの力で、より大きく、深く、正確に実現できるのです。

　身近なものから大きなものまで、やりたいことや課題だと思うことは、一人一人できっとちがうはずです。

「これが好き。もっと楽しむ方法はないかな。」

「この課題を、何とかして解《かい》決したい。」

そんな、あなたが持つ、あなたにしか見えない、あなたにしか感じ取れないことを、いちばんだいじにしてほしいと思っています。コンピューターの力を借りて自分自身の課題を解決し、それを分かち合うことが、いつかほかの人を幸せにし、社会をよりよくしていくのです。

〈鳥井《とりい》 雪《ゆき》「全ては、一つの言葉から」による〉

1 よく出る　[①]「プログラミングってむずかしそう。」とありますが、筆者はこれについて、どう考えていますか。一つに○をつけましょう。

ア（　）勉強すればできるようになるから、がんばってほしい。

イ（　）くり返し挑戦できるので、取り組んでみてほしい。

ウ（　）とてもかんたんなものなので、安心してほしい。

2 「[②]小さな失敗をくり返しながら……形を作っていく。」とありますが、試行錯誤しながら、プログラミングを積み重ねることで、筆者は何ができると考えていますか。

自分の［　　　　］ことが、より大きく、深く、正確に［　　］できる。

3 この文章で、筆者はどんなことを伝えたいのですか。一つに○をつけましょう。

ア（　）プログラミングの力で自分の課題を解決することは、ほかの人を幸せにし、社会をよりよくすることにつながる。

イ（　）やりたいことや課題は一人一人ちがうので、それぞれ自分の課題を解決するためのプログラミングをするべきだ。

ウ（　）言葉はいろいろな情報をふくむので、その意味を正しく理解してプログラミングをすることが大切である。

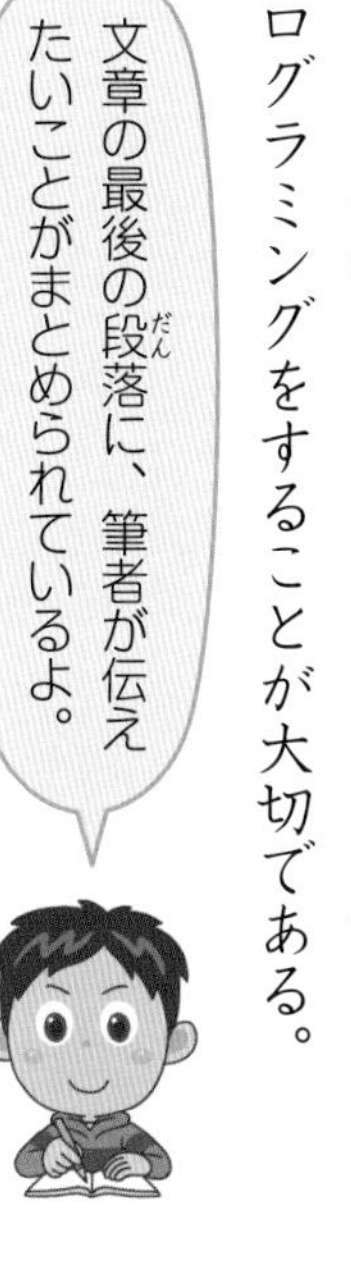
文章の最後の段落《だん》に、筆者が伝えたいことがまとめられているよ。

ものしりメモ　あさのあつこさんは、岡山県美作《みまさか》市出身・在住の作家。代表作の「バッテリー」は、野球を通して成長していく主人公たちのすがたをえがいた作品で、大ベストセラーだよ。

基本のワーク

未知へ

教科書 112～113ページ
答え 12ページ

勉強した日　月　日

学習の目標
● 詩の言葉から受ける印象を考えよう。
● 「わたし」の様子や気持ちを読み取ろう。

漢字練習ノート13ページ

新しい漢字

教科書113ページ

象　ショウ　ゾウ　12画

◀練習しましょう。

1 漢字の読み　読みがなを横に書きましょう。

(1) 印象

「象」には訓読みがないよ。二つの音読みがあるから注意しようね。

2 漢字の書き　漢字を書きましょう。

(1) よい［いんしょう］を受ける。

○新しい漢字　●読みかえの漢字　◆特別な読み方

3 言葉の意味　○をつけましょう。

(1) 112ページ 未知の世界。
ア（　）まだ知らないこと。
イ（　）もう知っていること。
ウ（　）知らなければならないこと。

(2) 112 ありったけ響《ひび》く。
ア（　）あるだけ全部。
イ（　）とても小さく。
ウ（　）元気なく。

(3) 113 おもてへこだまする。
ア（　）声や音がもれてしまう。
イ（　）声や音が反きょうする。
ウ（　）声や音が消えてしまう。

(4) 113 胸《むね》をときめかせる。
ア（　）こわくてどきどきする。
イ（　）心配でおろおろする。
ウ（　）喜びで心がおどる。

「未」という漢字は、「まだ……ない」という意味を表すよ。

4 次の詩を読んで、問題に答えましょう。

未知へ

木村《きむら》 信子《のぶこ》

わたしが響《ひび》いている
①透明《とうめい》な殻《から》の中で響いている
ありったけ響いている
外はもうすぐ春らしい

わたしが響いている
②痛《いた》いほど響いている
あふれるほど響いている
もうすぐわたしは割《わ》れるのだ

わたしが響いている
おもてへこだまして響いている
まだ見たこともない山へ胸《むね》をときめかせて
わたしが響いている

1 「①透明な殻」の外はどんな様子だとうたっていますか。

もうすぐ［　　］らしい

2 「②痛いほど響いている／あふれるほど響いている」とありますが、このことから、「わたし」はどういうことを感じていますか。

直後に注目しよう。

（　　　　　　　　）

3 この詩の表現について、次のようにまとめました。□と（　）に合う言葉を書きぬきましょう。

「□□□□□」という言葉を何度もくり返して印象づけている。特に、（　　　　）という一行を全ての連の先頭に置いて、強調している。

4 よく出る この詩の内容に合うもの一つに○をつけましょう。

ア（　）春、未知の世界へ飛び出す日を目前にして、希望で胸をいっぱいにしている「わたし」の様子をうたっている。

イ（　）春、未知の世界へ飛び出す日を目前にして、不安が胸にうずまいている「わたし」の様子をうたっている。

ウ（　）春、未知の世界へ飛び出す日を目前にして、ずっと今のままでいたいと思う「わたし」の様子をうたっている。

ものしりメモ

「こだま」はもともと、木の精霊《れい》のことだよ。「やまびこ」のことを「こだま」というのは、山に向かってさけぶと、木の精霊の「こだま」が応えてくれると信じられていたからなんだ。

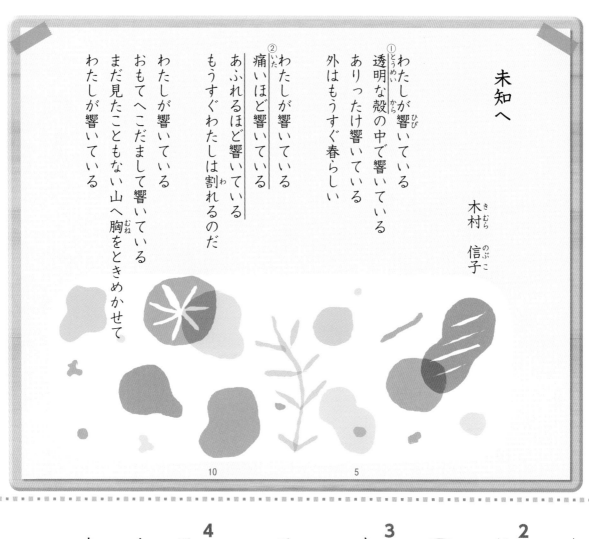

基本のワーク

心の動きを短歌で表そう
問題を解決するために話し合おう／漢字を使おう4

教科書 114〜123ページ

答え 12ページ

勉強した日　月　日

学習の目標
- 表現をくふうして短歌を作ろう。
- 意図を明確にしながら計画的に話し合いをできるようにしよう。

漢字練習ノート13〜14ページ

新しい漢字

教科書ページ	漢字	読み	画数
116	基	キ	11画
117	修	シュウ　おさめる	10画
117	適	テキ	14画
117	序	ジョ	7画
118	解	カイ　とく	13画
119	減	ゲン　へる	12画
123	格	カク	10画
123	額	ガク　ひたい	18画
123	貸	かす	12画
123	貧	ビン　まずしい	11画
123	準	ジュン	13画
123	墓	ボ　はか	13画
123	祖	ソ	9画
123	迷	まよう	9画
123	述	ジュツ　のべる	8画

◀練習しましょう。

○新しい漢字　●読みかえの漢字　◆特別な読み方

1 漢字の読み
読みがなを横に書きましょう。

① ○修正　② 順○序　③ ○解決　④ ○基○準

2 漢字の書き
漢字を書きましょう。

① 資産の○□□《そうがく》。

② 道に○□《まよ》う。

3 四年生の漢字
漢字を書きましょう。

① □□《とちぎ》県　② □□《にいがた》県　③ □□《ぐんま》県

④ □□《やまなし》県　⑤ □□《しずおか》県　⑥ □□《さいたま》県

心の動きを短歌で表そう

4 短歌について答えましょう。

1 「短歌」について次のようにまとめました。（　）に合う漢数字を書きましょう。

●「短歌」は、五・（　）・（　）・（　）・（　）の（　）音で表現される短い詩である。

●「短歌」は、「俳《はい》句」とちがい、季節を表す言葉を入れるという決まりがない。

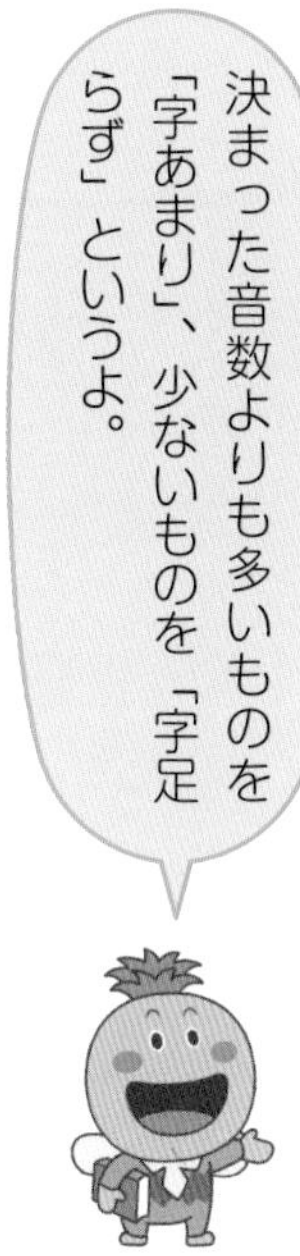
決まった音数よりも多いものを「字あまり」、少ないものを「字足らず」というよ。

2 短歌を作るには、次の事がらを、どのような順に行えばいいですか。記号で答えましょう。

ア 生活の中で、心が動いた場面や出来事を思い出してみる。

イ 作った短歌を、声に出して読んだり友達と読み合ったりして、よりくふうできるところがないか考える。

ウ 題材を選び、三十一音のリズムで表現する。

（　）→（　）→（　）

3 できあがった短歌の表現をくふうするときの方法にどんなものがありますか。合うもの全てに○をつけましょう。

ア（　）よりよい言葉はないか、辞書などでさがしてみる。

イ（　）友達が作った短歌の表現をまねてみる。

ウ（　）言葉の順序や組み合わせを入れかえたり変えたりしてみる。

問題を解決するために話し合おう

5 次の問題に答えましょう。

1 問題を解決するための話し合いで、意見をまとめる手順に合うように、（　）に1〜3を書きましょう。

（　）出された意見を整理して、考えをまとめる。

（　）ほかの人の意見をもとに、考えを広げていく。

（　）問題の原因と解決のための取り組みについて、意見を出し合う。

2 「学校をもっときれいにたもつにはどうしたらよいか」という議題の話し合いについて、答えましょう。

(1) 次は、田中さんが自分の考えをメモした付せんです。この内容に合うもの一つに○をつけましょう。

そうじの時、美化委員がていねいにそうじをするようよびかける。

ア（　）問題の原因

イ（　）問題を解決するための取り組み

ウ（　）話し合いの議題

(2) 次の発言はどのように考えをまとめていますか。合うもの一つに○をつけましょう。

●取り組みについては、二つに分けられます。一つ目は美化委員がよびかけること、二つ目は美化をよびかけるポスターを作ることです。

ア（　）意見を分類している。

イ（　）意見を比べたり組み合わせたりしている。

ウ（　）意見が目的や条件に合っているか考えている。

ものしりメモ

短歌は、もともと「連《れん》歌《が》」という形式で親しまれていたよ。初めの「五・七・五」を一人が考え、別の人が「七・七」を続けるという言葉遊びだったんだ。思わぬ歌ができそうで楽しいね。

基本のワーク

注文の多い料理店

教科書 124～144ページ

答え 13ページ

勉強した日　月　日

学習の目標
- 物語の構成や表現のくふうを見つけよう。
- 登場人物の考えや気持ちを読み取ろう。

漢字練習ノート15ページ

新しい漢字

教科書ページ	漢字	読み	画数
127	損	ソン	13画
128	造	ゾウ　つくる	10画
132	寄	キ　よる	11画
135	非	ヒ	8画
135	防	ボウ　ふせぐ	7画
136	毒	ドク	8画
138	責	セキ　せめる	11画
140	破	ハ　やぶる	10画
140	枝	えだ	8画
141	師	シ	10画

◀練習しましょう。

1 漢字の読み　読みがなを横に書きましょう。

① 損害
② 西洋造り
③ 寄りそう
④ 眼鏡
⑤ 非常
⑥ 予防
⑦ 気の毒
⑧ 責任
⑨ つき破る
⑩ 木の枝
⑪ りょう師

○新しい漢字
●読みかえの漢字
◆特別な読み方

3 言葉の意味　○をつけましょう。

① 126ページ ずいぶん痛《つう》快だろう。

ア（　）たいへん気持ちがよいこと。
イ（　）たいへん危《き》険であること。
ウ（　）たいへんいたいこと。

2 漢字の書き

漢字を書きましょう。

① 一万円の□□《そんがい》。

② 西洋□《づく》りの家。

③ 人に□《よ》りそう。

④ □□《ひじょう》に寒い。

⑤ □□《せきにん》をとる。

⑥ 木の□《えだ》。

内容をつかもう！

注文の多い料理店　**教科書を読んで答えましょう。**　教科書126〜141ページ

1 あらすじを場面ごとにまとめました。物語の順になるようにならべかえて、記号で答えましょう。

二人のしんしが、「山猫《やまねこ》軒《けん》」という西洋料理店に入るお話だよ。

ア 二人は、一けんの西洋料理店を見つけて中に入った。

イ 二人のしんしが鉄ぽうでえものをうちに来たが、とちゅうで犬が死んでしまった。二人は山からもどろうとするが、道に迷ってしまった。

ウ 戸に「……ください。」などと書かれている所をいくつも通った。

エ 「注文」とは、料理店が二人に注文しているのだということに、やっと気づいた。

オ 犬が現れて料理店は消え、二人は助かったが、紙くずのようになった顔は元のとおりにならなかった。

カ 二人はこわくて泣くことしかできず、顔がくしゃくしゃの紙くずのようになった。

（　）→（　）→（　）→

（　）→（　）→（　）

2 **1**の**ア**〜**カ**の中で、物語の山場になっているのはどの場面ですか。二つ選んで記号で答えましょう。

（　）（　）

---

② 129 ごえんりょはありません。
ア（　）どうしようかとなやむこと。
イ（　）ひかえめにすること。
ウ（　）あやしいと思うこと。

③ 130 どうかご承知《しょう》ください。
ア（　）広めること。
イ（　）けんめいに努力すること。
ウ（　）聞き入れること。

④ 132 山の中だと思って見くびる。
ア（　）最後までよく見る。
イ（　）たいしたことはないと下に見る。
ウ（　）よく見ない。

⑤ 132 台に置くやいなや、台がたおれた。
ア（　）(置く)とすぐに。
イ（　）(置く)前にすでに。
ウ（　）(置く)とそのうちに。

⑥ 132 とほうもないことになってしまった。
ア（　）言いわけもできない。
イ（　）どうしたらいいか分からない。
ウ（　）とんでもない。

⑦ 135 用意周とうな人だ。
ア（　）用意するのに時間がかかること。
イ（　）いつもまぎわに用意すること。
ウ（　）十分に用意していること。

ものしりメモ　「とほう」は、①方法、手段《だん》　②筋《すじ》道、道理　という意味。「とほうもない」で、「物事の程《てい》度が道理からはずれている＝とんでもないほどひどい」という意味になるよ。

練習のワーク1

注文の多い料理店

教科書 124〜144ページ
答え 13ページ

勉強した日 月 日

できるナビ
●物語の場面や、登場人物をとらえよう。
●登場人物の考えや人がらを読み取ろう。

次の文章を読んで、問題に答えましょう。

二人のわかいしんしが、①すっかりイギリスの兵隊の形をして、ぴかぴかする鉄ぽうをかついで、白熊のような犬を二ひき連れて、だいぶ山おくの、木の葉のかさかさしたとこを、こんなことを言いながら、歩いておりました。

【「ぜんたい、②ここらの山はけしからんね。鳥もけものも一ぴきもいやがらん。何でもかまわないから、早くタンタアーンと、やってみたいもんだなあ。」

「鹿の黄色な横っぱらなんぞに、二、三発お見まい申したら、ずいぶん痛《つう》快だろうねえ。くるくる回って、それからどたっとたおれるだろうねえ。」】

③それはだいぶの山おくでした。案内してきた専《せん》門の鉄ぽううちも、ちょっとまごついて、どこかへ行ってしまったくらいの山おくでした。

それに、あんまり山がものすごいので、その白熊のような犬が、二ひきいっしょに目まいを起こして、しばらくうなって、それからあわをはいて死んでしまいました。

「実にぼくは、二千四百円の損害だ。」

と、一人のしんしが、その犬のまぶたを、ちょっと返してみて言いました。

1 この場面に登場する人物を書きぬきましょう。

2 「①すっかりイギリスの兵隊の形をして、ぴかぴかする鉄ぽうをかついで」とありますが、これはどんな服そうですか。一つに○をつけましょう。

ア（　）山歩きでよごれてもいい服そう。
イ（　）形だけりっぱで場ちがいな服そう。
ウ（　）お金をかけないしっそな服そう。

高価《か》なものを身につけているね。

3 「②ここらの山はけしからん」とありますが、どうして「けしからん」のですか。

4 【　】のしんしたちの会話から、二人のしんしはどんな考えの人物だと思われますか。

書いてみよう！

りょうの話からどんなことが分かるかな。

言葉の意味プラス
1行 すっかり…その状態になりきっている様子。 5行 けしからん…非常によくない。
12行 まごつく…迷って、あわてる。 38行 見当がつかない…分からない。

「ぼくは二千八百円の損害だ。」と、も一人が、くやしそうに、頭を曲げて言いました。

初めのしんしは、少し顔色を悪くして、じっと、も一人のしんしの、顔つきを見ながら言いました。

「ぼくはもうもどろうと思う。」

「さあ、ぼくもちょうど寒くはなったし、はらはすいてきたし、もどろうと思う。」

「そいじゃ、これで切り上げよう。なあに、もどりに、昨日の宿屋で、山鳥を十円も買って帰ればいい。」

「うさぎも出ていたねえ。そうすれば④結局おんなじこった。では帰ろうじゃないか。」

ところが、どうもこまったことは、どっちへ行けばもどれるのか、いっこう見当がつかなくなっていました。

風がどうとふいてきて、草はザワザワ、木の葉はカサカサ、木はゴトンゴトンと鳴りました。

〈宮沢《みやざわ》 賢治《けんじ》「注文の多い料理店」による〉

5 「③それはだいぶの山おくでした。」とありますが、この山の様子からどんなことが起こりましたか。

●案内してきた専門の鉄ぽううちが、

（　　　　　　　　）。

●白熊のような犬が、

（　　　　　　　　）。

6 よく出る● 「損害」とありますが、この言葉から、二人のしんしはどんな人物だと考えられますか。一つに○をつけましょう。

ア（　）犬が死んだ悲しさを、言葉に出さずにがまんしている、やさしい人物。

イ（　）犬の命をお金の額に直して考えるという、じょうだん好きの人物。

ウ（　）犬の命よりもお金のほうが大切だと思っている、冷たい人物。

7 よく出る● 「④結局おんなじこった」とは、どういうことですか。一つに○をつけましょう。

ア（　）りょうでえものがとれなくても、買って帰ればよい。

イ（　）山鳥でもうさぎでもどちらでも好きなほうを買えばよい。

ウ（　）おなかがすいているので、買った物を食べればよい。

ものしりメモ 宮沢賢治《みやざわけんじ》は、人間も動物も自然も一つになって、仲良く生きる世界を夢見ていた。この「注文の多い料理店」の二人のしんしは、それとは正反対の人物としてえがかれているよ。

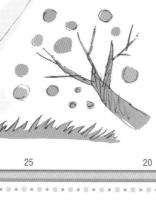

練習のワーク②

注文の多い料理店

教科書 124～144ページ　答え 13ページ

勉強した日　月　日

できるナビ　二人のしんしが、戸に書かれた指示をどう受け止めたか読み取ろう。

次の文章を読んで、問題に答えましょう。

二人はげんかんに立ちました。げんかんは白い瀬《せ》戸のれんがで組んで、実にりっぱなもんです。

そしてガラスの開き戸がたって、そこに金文字でこう書いてありました。

【どなたもどうかお入りください。決してごえんりょはありません。】

二人はそこで、ひどく喜んで言いました。

「こいつはどうだ。やっぱり世の中はうまくできてるねえ。今日一日なんぎしたけれど、今度はこんないいこともある。このうちは料理店だけれども、ただでごちそうするんだぜ。」

「どうもそうらしい。決してごえんりょはありませんというのはその意味だ。」

二人は戸をおして、中へ入りました。そこはすぐろう下になっていました。そのガラス戸のうら側には、金文字でこうなっていました。

【ことに太ったおかたやわかいおかたは、大かんげいいたします。】

二人は大かんげいというので、もう大喜びです。

「君、ぼくらは大かんげいに当たっているのだ。」

1 「世の中はうまくできてるねえ」とありますが、どんなことがうまくできているというのですか。一つに○をつけましょう。

ア（　）なんぎをした後に、いいことがめぐってくること。

イ（　）えらい人間には、いいことが必ず起きること。

ウ（　）はらがすいたときに、料理店が現れること。

2 よく出る● 料理店の中に入ると、戸に、いろいろな指示が書いてありましたが、それぞれの指示を読んだとき、二人のしんしはどのように受け止めましたか。

二人のしんしは、自分たちに都合がよいように受け止めているよ。

① 【どなたもどうかお入りください。決してごえんりょはありません。】

この店は、料理店なのに、（　　　　）してくれるらしい。

② 【ことに太ったおかたやわかいおかたは、大かんげいいたします。】

ぼくらは、わかくて、しかも（　　　　）いるから、（　　　　）してもらえるぞ。

③ 【当軒は注文の多い料理店ですから、どうかそこはご承知ください。】

注文が多いということは（　　　　）が多いということだ。

言葉の意味プラス
16行 ことに…特に。とりわけ。
20行 かねる…あわせ持つ。　37行 こらえる…がまんする。しんぼうする。

「ぼくらは両方かねてるから。」

ずんずんろう下を進んでいきますと、今度は水色のペンキぬりの戸がありました。

「どうも変なうちだ。どうしてこんなにたくさん戸があるのだろう。」

「これはロシア式だ。寒いとこや山の中はみんなこうさ。」

そして二人はその戸を開けようとしますと、上に黄色な字でこう書いてありました。

【当軒《けん》は注文の多い料理店ですから、どうかそこはご承《しょう》知ください。】

「なかなかはやってるんだ。こんな山の中で。」

「それあそうだ。見たまえ、東京の大きな料理屋だって大通りには少ないだろう。」

二人は言いながら、その戸を開けました。すると、そのうら側に、

【注文はずいぶん多いでしょうが、どうかいちいちこらえてください。】

「これはぜんたいどういうんだ。」

一人のしんしは顔をしかめました。

「うん、これはきっと注文があまり多くて、したくが手間取るけれどもごめんくださいと、こういうことだ。」

「そうだろう。早くどこか部屋の中に入りたいもんだな。」

「そしてテーブルにすわりたいもんだな。」

〈宮沢《みやざわ》 賢治《けんじ》「注文の多い料理店」による〉

こんな山の中なのに、なかなか（　　　　）のだなあ。

④【注文はずいぶん多いでしょうが、どうかいちいちこらえてください。】

注文が多くて、料理の（　　　　）けれども、どうかごしんぼうくださいということだ。

3 よく出る● 2で見た指示は、本当は料理店の者が、客を食べるために出した「注文」でした。とすると、①〜④の「注文」の本当の意味は何ですか。［　］から選んで、記号で答えましょう。

客を食べ物として見たとき、食べるほうはどうしたいと思うか考えよう。

①（　　）②（　　）③（　　）④（　　）

ア おいしく食べるために、いろいろと注文させてもらうことを知っておいてもらう。
イ 客が気分を害して帰らないように、注文が多いことをしんぼうしてくれるようにお願いする。
ウ 生きがよく、肉がたくさんついている客は、おいしいから大かんげいする。
エ えものを自分の店に引き入れたい。

4 二人のしんしが、今、したいことは何ですか。二つ書きぬきましょう。

（　　　　）

（　　　　）

ものしりメモ
宮沢賢治《みやざわけんじ》(1896〜1933)は37歳《さい》でなくなった。生前出版された作品は、詩集「春と修羅《しゅら》」と童話集「注文の多い料理店」だけで、それもほとんど売れなかったそうだよ。

練習のワーク③

注文の多い料理店

教科書 124〜144ページ
答え 14ページ
勉強した日 月 日

できるナビ
●物語の山場がどこかとらえよう。
●二人のしんしの様子や気持ちをとらえよう。

次の文章を読んで、問題に答えましょう。

すると、すぐその前に次の戸がありました。

【料理はもうすぐできます。十五分とお待たせはいたしません。すぐ食べられます。①早くあなたの頭にびんの中のこう水をよくふりかけてください。】

そして戸の前には、金ぴかのこう水のびんが置いてありました。

二人はそのこう水を、頭へパチャパチャふりかけました。

ところが、そのこう水は、どうも②すのようなにおいがするのでした。

「このこう水は変にすくさい。どうしたんだろう。」

「まちがえたんだ。下女がかぜでも引いてまちがえて入れたんだ。」

二人は戸を開けて中に入りました。

戸のうら側には、大きな字でこう書いてありました。

【いろいろ注文が多くてうるさかったでしょう。お気の毒でした。もうこれだけです。どうか、体中に、つぼの中の塩をたくさんよくもみこんでください。】

なるほどりっぱな青い瀬《せ》戸の塩つぼは置いてありましたが、今度という今度は、二人ともぎょっとして、おたがいにクリームをたくさんぬった顔を見合わせました。

1 「①早くあなたの頭にびんの中のこう水をよくふりかけてください。」という指示にしたがったしんしたちは、どんな反応をしましたか。一つに○をつけましょう。

ア（　）指示を見直して確かめた。
イ（　）あたえられたものを変だと感じた。
ウ（　）料理店に文句を言った。

2 「②すのようなにおい」がするのはなぜだと、しんしたちは考えましたか。

下女が（　　　）でも引いて（　　　）入れたのだろうと考えた。

3 よく出る 「③たくさんの注文」とありますが、二人のしんしは、これまで「注文」とはどんなことだと考えていましたか。また、本当はどんなことだったのですか。

これまで、「たくさんの注文」とは、（　　）が（　　）にするものだと思っていたが、本当は（　　）が（　　）に注文をすることだった。

言葉の意味プラス
14行 気の毒…めいわくをかけてすまないと思うこと。 18行 ぎょっとする…思いがけないことに出くわして、ひどくおどろく様子。 39行 けっこう…とてもよい様子。

「どうもおかしいぜ。」

「ぼくもおかしいと思う。」

「③たくさんの注文というのは、向こうがこっちへ注文してるんだよ。」

「だからさ、④西洋料理店というのは、ぼくの考えるところでは、西洋料理を、来た人に食べさせるのではなくて、来た人を西洋料理にして、食べてやるうちと、こういうことなんだ。これは、その、つ、つ、つ、つまり、ぼ、ぼ、ぼ、⑤ぼくらが……。」

がたがたがたがた、ふるえだして、もうものが言えませんでした。

「その、ぼ、ぼくらが、……うわあ。」

がたがたがたがたふるえだして、もうものが言えませんでした。

「にげ……。」

がたがたしながら、一人のしんしは後ろの戸をおそうとしましたが、どうです、戸はもう一分《いちぶ》も動きませんでした。

おくの方にはまだ一枚《まい》戸があって、大きなかぎあなが二つ付き、銀色のホークとナイフの形が切り出してあって、

【いや、わざわざご苦労です。⑥たいへんけっこうにできました。さあさあ、おなかにお入りください。】


と書いてありました。おまけに、かぎあなからは、きょろきょろ二つの青い目玉がこっちをのぞいています。

「うわあ。」がたがたがたがた。

「うわあ。」がたがたがたがた。

〈宮沢《みやざわ》賢治《けんじ》「注文の多い料理店」による〉

4 ③のことに、これまで二人のしんしが気づかなかったのはどうしてですか。□に合う二字の熟語《じゅく》を考えて書きましょう。

指示の意味を、自分たちに □□ のいいようにとっていたから。

5 よく出る 「④西洋料理店」とは、本当はどんなところだったのですか。十九字で書きぬきましょう。

□□□□□□□□□□□□□□□□□□□

6 書いてみよう! 「⑤ぼくらが……」の「……」には、どんな言葉が省略《りゃく》されていますか。考えて書きましょう。

二人が何に気づいたのか考えてみよう。

二人はものが言えないほど、おそろしい気持ちだったんだね。

7 「⑥たいへんけっこうにできました。」とありますが、この言葉の本当の意味は何ですか。□に合う言葉を書きぬきましょう。

二人に □□□□□ 料理ができたのではなく、□□□ たちを使った料理ができたということ。

ものしりメモ
童話集「注文の多い料理店」は1000部発行したが、売れなくて、宮沢賢治《みやざわけんじ》が200部自分で買い取ったり、出版に関わった仲間が子どものかけっこの賞品《しょう》に使ったりもしたそうだ。

まとめのテスト

注文の多い料理店

教科書 124～144ページ
答え 14ページ

時間 20分

勉強した日　月　日

得点　/100点

次の文章を読んで、問題に答えましょう。

「へい、いらっしゃい、いらっしゃい。それともサラドはおきらいですか。そんならこれから火をおこしてフライにしてあげましょうか。とにかく早くいらっしゃい。」

二人はあんまり心をいためたために、顔がまるでくしゃくしゃの紙くずのようになり、おたがいにその顔を見合わせ、ぶるぶるふるえ、声もなく泣きました。

①中では、フッフッと笑って、またさけんでいます。

「いらっしゃい、いらっしゃい。そんなに泣いては、せっかくのクリームが流れるじゃありませんか。②へい、ただいま。じき持って参ります。さあ、早くいらっしゃい。」

「早くいらっしゃい。親方がもうナフキンをかけて、ナイフを持って、したなめずりして、お客様がたを待っていられます。」

二人は、泣いて泣いて泣いて泣いて泣きました。

1 「①中では、フッフッと笑って」とありますが、中にいる者の気持ちとして合うもの一つに○をつけましょう。〔10点〕

ア（　）何という顔をして泣いているんだ。泣いたってむだだよ。
イ（　）クリームになみだの味がついて、おいしそうだな。
ウ（　）そんなに泣かれると、かわいそうになってくるな。

2 よく出る 「②へい、ただいま。じき持って参ります。」とありますが、これは、だれかに何かを言われたので答えた言葉です。だれが何と言ったのでしょう。考えて書きましょう。〔15点〕

（　　　　　　）

3 二人が助かるきっかけになったのは、どんなことですか。〔10点〕

（　　　　　　）が、いきなり部屋の中に飛びこんできたこと。

4 チャレンジ! 「③風がどうとふいてきて、草はザワザワ、木の葉はカサカサ、木はゴトンゴトンと鳴りました。」とありますが、この表現は何かの合図として使われています。何の合図ですか。一つに○をつけましょう。〔15点〕

言葉の意味プラス
16行 したなめずり…したでくちびるをなめ回すこと。食べ物などを待ち構えている様子。
42行 にわかに…とつぜん。急に。

そのとき、後ろからいきなり、

「ワン、ワン、グヮア。」

という声がして、あの白熊のような犬が二ひき、戸をつき破って部屋の中に飛びこんできました。かぎあなの目玉はたちまちなくなり、犬どもはウーとうなってしばらく部屋の中をくるくる回っていましたが、また一声、

「ワン。」

と高くほえて、いきなり次の戸に飛びつきました。戸はガタリと開き、犬どもはすいこまれるように飛んでいきました。

その戸の向こうの真っ暗やみの中で、

「ニャアオ、クヮア、ゴロゴロ。」

という声がして、それからガサガサ鳴りました。

部屋はけむりのように消え、二人は寒さにぶるぶるふるえて、草の中に立っていました。

見ると、上着やくつやさいふやネクタイピンは、あっちの枝にぶら下がったり、こっちの根元に散らばったりしています。

③風がどうとふいてきて、草はザワザワ、木の葉はカサカサ、木はゴトンゴトンと鳴りました。

犬がフーとうなってもどってきました。

そして後ろからは、

「だんなあ、だんなあ。」

とさけぶ者があります。

④二人はにわかに元気がついて、

「おうい、おうい、ここだぞ、早く来い。」

とさけびました。

〈宮沢《みやざわ》 賢治《けんじ》「注文の多い料理店」による〉

ア（　）料理店が消え、二人のこわさが安心に変わった合図。

イ（　）料理店の親方が、二ひきの犬に食べられてしまった合図。

ウ（　）「不思議な世界」から「現実の世界」へもどった合図。

5 「④二人はにわかに元気がついて」とありますが、このことから二人がどんな人物だと分かりますか。一つに○をつけましょう。〔15点〕

ア（　）あぶない目にあっても、少しもこりることのない人物。

イ（　）あぶない目にあっても、勇気を失うことのない人物。

ウ（　）あぶない目にあっても、原因を冷静に考えられる人物。

6 よく出る この物語を通して作者が伝えようとしていることは何ですか。一つに○をつけましょう。〔15点〕

ア（　）生き物の中でも、特に人間に忠《ちゅう》実な犬をかうことの大切さ。

イ（　）物事を自分の都合のよいようにしか考えない、人間の身勝手さ。

ウ（　）どんなおそろしい生き物がいるか分からない山の中に、迷いこんでしまう人間の不注意さ。

書いてみよう！

7 この文章の題名は「注文の多い料理店」です。「注文の多い料理店」とは、だれが、何をするために、だれにいろいろと注文をする料理店だったのですか。簡《かん》単に説明しましょう。〔20点〕

ものしりメモ

宮沢賢治《みやざわけんじ》の死後発表された作品には、「銀河鉄道の夜」「風の又三郎《またさぶろう》」「よだかの星」「セロ弾《ひ》きのゴーシュ」などの有名な童話があるよ。

基本のワーク

漢字を使おう5
言葉相談室　どうやって文をつなげればいいの？

教科書 145～147ページ

答え 15ページ

勉強した日　月　日

学習の目標
- 四年生で習う漢字を復習《ふく》しよう。
- 前後の関係を考えて、文をつなぐ言葉を適切に使えるようにしよう。

漢字練習ノート16～17ページ

新しい漢字

教科書

教科書ページ	漢字	読み	画数	筆順
145	圧	アツ	5画	一 厂 圧 圧 圧
145	営	エイ　いとなむ	12画	、 ⺍ ⺍ 営 営 営 営 営
145	価	カ	8画	ノ イ 仁 仁 佰 価 価 価
145	制	セイ	8画	ノ 𠂉 午 告 告 制 制
145	肥	ヒ　こえる　こえ　こやし	8画	ノ 刀 月 月 肝 肥 肥 肥
145	旧	キュウ	5画	丨 旧 旧 旧 旧
147	逆	ギャク　さか　さからう	9画	丷 䒑 屰 屰 屰 屰 逆 逆

◀練習しましょう。

1 漢字の読み　読みがなを横に書きましょう。

① 圧力　② 国営　③ 価値《ち》　④ 制度

⑤ 新米　⑥ 肥料　⑦ 旧式　⑧ 逆接

○新しい漢字　●読みかえの漢字　◆特別な読み方

2 漢字の書き　漢字を書きましょう。

① □□（あつりょく）を軽減する。

② □□（こくえい）公園。

③ 新しい□□（せいど）。

④ □□（きゅうしき）の建物。

3 四年生の漢字　漢字を書きましょう。

① □□（しが）県　② □□（なら）県　③ □□□（おおさかふ）

④ □□□（きょうとふ）　⑤ □□（ひょうご）県　⑥ □□□（ぼうえんきょう）。

⑦ □□□（はくぶつかん）。　⑧ □□（まんいん）電車。　⑨ □（うめ）の木。

4 次の文を二つの文に分けるとき、（　）に合うつなぐ言葉を、［　］から選んで書きましょう。

① 昨日はとてもつかれていたので、早めにねた。
→昨日はとてもつかれていた。（　　）、早めにねた。

② 部屋が寒いのに、ストーブがつかない。
→部屋が寒い。（　　）、ストーブがつかない。

③ ぼくは本を読んで、読書感想文を書いた。
→ぼくは本を読んだ。（　　）、読書感想文を書いた。

しかし　そして　そのため

5 （　）に合うつなぐ言葉を、［　］から選んで書きましょう。

① 福引きが当たった。（　　）、二回も当たった。

② 外に遊びに行こうか。（　　）、本を読もうか。

③ 今日は楽しかった。（　　）、明日は何をしよう。

あるいは　しかも　さて

6 次の二つの文を一つにするとき、（　）に合うつなぐ言葉を、［　］から選んで書きましょう。

① この料理はおいしかった。だから、また食べたい。
→この料理はおいしかった（　　）、また食べたい。

② 今日はとても寒い。しかし、兄はうす着で出かけた。
→今日はとても寒い（　　）、兄はうす着で出かけた。

③ ボタンをおす。すると、ドアが開いた。
→ボタンをおす（　　）、ドアが開いた。

けれども　と　ので

7 つなぐ言葉を使った次の文のうち、正しいもの全てに○をつけましょう。

ア（　）これでわたしの話は終わりです。しかし、おなかがすいたので、お昼にしましょうか。

イ（　）予報によると、午後は雨がふるそうだ。だから、家にいることにした。

ウ（　）部屋の明かりをつけた。そのため、夕方になり、部屋の中は暗くなっていたからだ。

エ（　）わたしは、朝早く起きた。そして、準備《じゅんび》をして散歩に出かけた。

ものしりメモ

つなぐ言葉は気持ちを表すこともあるよ。「がんばった。だけど、２位だった。」は不満な気持ちを、「がんばった。だから、２位だった。」は満足な気持ちを表しているね。

基本のワーク

和の文化を受けつぐ——和菓子《がし》をさぐる

教科書 148〜160ページ　答え 15ページ

勉強した日　月　日

学習の目標
- 「和の文化」とはどんなものか読み取ろう。
- 筆者が伝えたかった「和の文化」について、を整理しよう。

漢字練習ノート17ページ

新しい漢字

教科書150ページ

ページ	漢字	読み	画数
150	統	トウ	12画
151	粉	フン、こ、こな	10画
152	輸	ユ	16画
152	技	ギ	7画
152	術	ジュツ	11画
154	支	シ、ささえる	4画
155	型	ケイ、かた	9画
156	再	サイ、サ、ふたたび	6画
156	限	ゲン、かぎる	9画

▼練習しましょう。

1 漢字の読み　読みがなを横に書きましょう。

① 伝統　② 麦の粉　③ 輸入　④ 技術　⑤ 支える　⑥ 木型　⑦ 再発見　⑧ 限る

「粉」には二つの訓読みが、「再」には二つの音読みがあるから注意しようね。

○新しい漢字　●読みかえの漢字　◆特別な読み方

2 漢字の書き　漢字を書きましょう。

① □□《でんとう》的な文化。
② 米や麦の□《こな》。

3 言葉の意味　○をつけましょう。

① 150ページ 日本の伝統的な文化。
ア（　）昔から受けつがれているような。
イ（　）日本だけが持っているような。
ウ（　）伝え続ける必要があるような。

② 151 和菓子《がし》の形を確立する。
ア（　）正しいか確かめること。
イ（　）しっかりと定めること。
ウ（　）くふうして変化させること。

❸ 中国から□□《ゆにゅう》する。

❹ □□《ぎじゅつ》が進む。

❺ □□《きがた》を使う。

❻ □□□《さいはっけん》する。

❹「じゅつ」は、点をわすれないようにね。

内容をつかもう！

★ 和の文化を受けつぐ―和菓子《がし》をさぐる の構成を、次のようにまとめました。□に合う言葉を、□から選んで書きましょう。 文章

教科書150〜156ページ

和菓子は、受けつがれてきた和の文化の一つだよ。

(1) 序論《じょろん》
□的な文化である和菓子

(2) 本論
① 観点…和菓子の□
・唐《とう》菓子、□、南蛮《なんばん》菓子からえいきょうを受ける。
・□により和菓子が発展《てん》。
・洋菓子が入ってくる。

② 観点…和菓子とほかの□との関わり
・□との関わり
・茶道《さどう》との関わり

③ 観点…和菓子の文化を支える人
・和菓子を作る□
・和菓子作りの道具や材料を作る人
・和菓子を味わい楽しむ人

(3) 結論
□の文化を受けつぐこと

文化	点心《てんじん》	伝統	年中《ねんちゅう》行事
歴史	職人	和	さとう

---

❸ 153 日本固有の菓子。
ア（　）昔からあること。
イ（　）特に人気があること。
ウ（　）そのものだけにあること。

❹ 153 何かの節目に関わるものが多い。
ア（　）農業の行事。
イ（　）物事の区切り。
ウ（　）仏教の行事。

❺ 154 秋の風情《ふぜい》を表現する。
ア（　）あふれ出る感情。
イ（　）よい味わい。おもむき。
ウ（　）季節を代表する風景。

❻ 155 昔ながらの手作業で作られる。
ア（　）……を意識した。
イ（　）……のままの状態で。
ウ（　）……とはちがったやり方で。

❼ 156 和菓子の世界はおくが深い。
ア（　）簡単《かん》には本質をつかめない。
イ（　）どこまでも進化し続けている。
ウ（　）多くの人に支えられている。

❽ 158 どんな観点で調べるかを考える。
ア（　）調べる方法。
イ（　）予想した結果。
ウ（　）物事を考えるときの立場。

ものしりメモ
年中《ねんちゅう》行事とは、毎年ある時期に決まって行う行事のことだよ。元日(1月1日)、七草《ななくさ》の節句(1月7日)、節分(2月3〜4日ごろ)、ももの節句(3月3日)、たんごの節句(5月5日)などがあるよ。

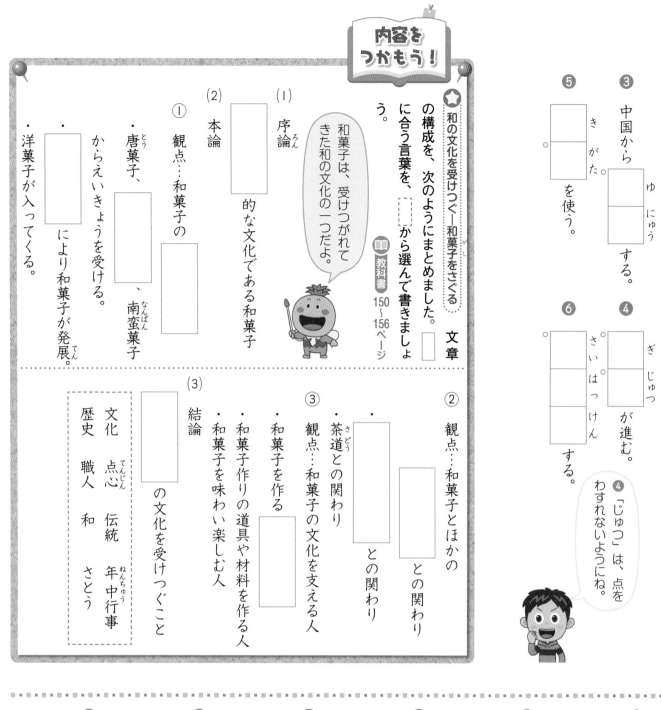

練習のワーク

和の文化を受けつぐ——和菓子《がし》をさぐる

教科書 148〜160ページ
答え 15ページ

勉強した日　月　日

できるナビ
●段落《だん》の要点をつかみ、文章の構成をとらえよう。
●「和菓子」が、進化していく過程《てい》をとらえよう。

次の文章を読んで、問題に答えましょう。

和菓子《がし》は、どのようにしてその形を確立していったのでしょうか。まず、和菓子の歴史を見てみましょう。

かつて、「菓子」という言葉は木の実や果物のことを意味していました。あまい物が少なかったため、今のわたしたちが菓子を食べるように、木の実や果物を食べていたのでしょう。その一方で、もちやだんごのようなものは、ほぞんのためや野山に持っていくために作られていたと考えられています。こうした①日本古来の食べ物に、外国から来た食べ物がえいきょうをあたえることで、②和菓子の歴史に変化が生まれます。

えいきょうをあたえたものの一つ目は、飛鳥《あすか》から平安《へいあん》時代に、中国に送られた使者が伝えた唐《とう》菓子です。唐菓子の多くは、米や麦の粉のきじをさまざまな形に作り、油であげたものでした。二つ目は、鎌倉《かまくら》から室町《むろまち》時代に、中国に勉強に行った僧《そう》が伝えた点心《てんじん》です。点心とは、食事の間にとる軽い食べ物のことですが、この中に、まんじゅうやようかんなどの原形となるものがありました。三つ目は、戦国時代から安土桃山《あづちももやま》時代を中心に伝わった南蛮《なんばん》菓子です。ポルトガルやスペインから、カステラやコンペイトー、ボーロなどの菓子が伝わりました。これらの食べ物のせい法などが、日本の菓子に応用されていったのです。

1 「菓子」という言葉は、かつてどんなものを意味していましたか。

（　　　）

2 「①日本古来の食べ物」とありますが、筆者が具体的に挙げたものを全て書きぬきましょう。

（　　　）

3 「②和菓子の歴史に変化が生まれます」について答えましょう。

(1) 「和菓子の歴史に変化が生まれます」とは、どうなることをいっているのですか。一つに○をつけましょう。

ア（　）いろいろな和菓子が作られるようになること。
イ（　）和菓子から日本らしさがなくなっていくこと。
ウ（　）和菓子が外国にえいきょうをあたえるようになること。

(2) どんなことから、和菓子の歴史に変化が生まれたのですか。——②より前の文章中の言葉を使って書きましょう。

（　　　）

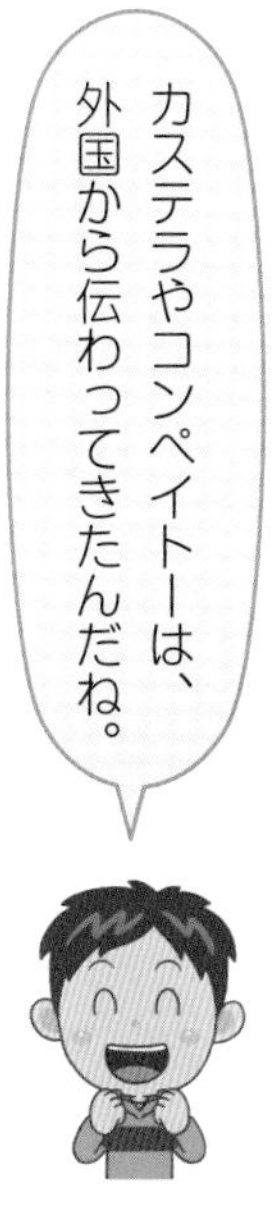
カステラやコンペイトーは、外国から伝わってきたんだね。

言葉の意味プラス
3行 かつて…以前。昔。 6行 ほぞん…そのままの状態で、とっておくこと。
8行 古来…古くから。 40行 現在にいたる…今もその状態が続いている。

江戸《えど》時代になると、③さとうが広く使われるようになり、菓子作りは大きく発展《てん》します。中国やオランダから輸入されるものに加え、日本国内でもさとうが作られるようになりました。さとうが多く使われるようになると、さとうの特性を生かした菓子作りの技術が進み、だれもが気軽に食べられるような菓子から、おくり物などに使われるような上等な菓子まで、多くの菓子が作られることになります。

　その後、明治《めいじ》時代以降《こう》になると、今度は西洋からチョコレート、ケーキなどの菓子が日本に数多く入ってくるようになります。そのような西洋からやってきた「洋菓子」と区別するものとして、④日本固有の菓子を「和菓子」とよぶようになり、現在にいたります。

〈中山《なかやま》 圭子《けいこ》「和の文化を受けつぐ――和菓子《がし》をさぐる」による〉

4 よく出る 和菓子の歴史を次のようにまとめました。（　）に合う言葉を書きましょう。

えいきょうをあたえたもの	どんなもの	時代	どこの国から
①（　）	米や麦の粉のきじを油であげたもの	飛鳥～平安時代	②（　）
③（　）	まんじゅうやようかんなどの原形	鎌倉～室町時代	④（　）
⑤（　）	カステラ コンペイトー ボーロなど	戦国～安土桃山時代	⑥（　） ⑦（　）

5 ③「さとうが広く使われるようになり、菓子作りは大きく発展します」とありますが、どのように発展したのですか。

（　　　　）が進み、多くの菓子が作られるようになった。

6 よく出る ④「日本固有の菓子を『和菓子』とよぶ」とありますが、それはいつからですか。また、何のためですか。

いつ（　　　　）

何のため（　　　　）

ものしりメモ

江戸《えど》時代に「胡麻胴乱《ごまどうらん》」という「ごまの菓子《かし》」があったが、中が空どうだったので、「見かけだおし」のたとえになった。これが「ごまかす」の語源《げん》という説があるよ。

まとめのテスト

和の文化を受けつぐ――和菓子《がし》をさぐる

教科書 148〜160ページ
答え 16ページ

勉強した日　月　日

時間 20分

得点　/100点

次の文章を読んで、問題に答えましょう。

このように、和菓子《がし》は、さまざまな外国の食べ物のえいきょうを受けるとともに、年中《ねんちゅう》行事や茶道《さどう》などの日本の文化に育まれながら、その形を確立してきました。では、その①和菓子の文化は、どのような人に支えられ、受けつがれてきたのでしょうか。

まず挙げられるのは、和菓子を作る職人たちでしょう。和菓子作りの技術には、まんじゅうなどの「包む」、どら焼きなどの「焼く」、ようかんなどの「流す」など、さまざまなものがありますが、これらの技術は職人たちから職人たちへ受けつがれてきたものです。職人たちは技術をみがくだけでなく、季節ごとの自然の変化を感じ取ったり、ほかの日本文化に親しんだりすることで、和菓子作りに必要な感性を養います。

また、和菓子作りには、梅やきくの花びらなどの形を作るときに使う「三角べら」や「和ばさみ」、らくがんを作るときに使う「木型」など、さまざまな道具が必要です。さらに、あずきや寒天、くず粉などの上質な材料も和菓子作りには欠かせませんが、それらの多くは、昔ながらの手作業によって作られています。和菓子作りに関わる道具や材料を作る人たちも、和菓子の文化を支えているのです。

1 よく出る● 「①和菓子の文化は、どのような人に支えられ、受けつがれてきたのでしょうか」とありますが、この答えを表にまとめました。（　）に合う言葉を書きましょう。　一つ5〔40点〕

和菓子を支え、受けついできた人	どのように支え、受けついできたか
❶（　　）	●（❷　　）をみがく。 ●和菓子作りに必要な（❸　　）を養う。
❹（　　）	●昔ながらの（❺　　）で作る。
❻（　　）	●（❼　　）の和菓子を味わったり、（❽　　）に合わせて作ったりする。

2 次の言葉は、それぞれ何を説明する具体例として挙げられていますか。　一つ10〔20点〕

言葉の意味プラス
12行 感性…さまざまな事がらや印象を、心に感じ取る力。
22行 いずれ…近いうち。そのうち。

一方、和菓子を作る職人がいても、それを食べる人がいなければ、和菓子はいずれなくなってしまうのではないでしょうか。ですから、わたしたちが季節の和菓子を味わったり、年中行事に合わせて作ったりすることも、和菓子の文化を支えることだといえるでしょう。②和菓子は、和菓子作りに関わる職人だけではなく、それを味わい楽しむ多くの人に支えられることで、現在に受けつがれているのです。

このように、和菓子の世界は、知るほどにおくが深いものです。長い時をへて、それぞれの時代の文化に育まれ、いく世代もの人々の夢や創意《そうい》が受けつがれてきた和菓子には、おいしさばかりでなく、伝統的な和の文化を再発見させてくれるようなみりょくがあるといえるでしょう。

わたしたちの毎日の生活の中には、和菓子に限らず、筆やろうそく、焼き物やしっ器、和紙、織物など、受けつがれてきた和の文化がたくさんあります。そこにどんな歴史や文化との関わりがあるのか、どんな人がそれを支えているのかを考えることで、わたしたちもまた、日本の文化を受けついでいくことができるのです。

〈中山《なかやま》　圭子《けいこ》「和の文化を受けつぐ――和菓子《がし》をさぐる」による〉

❶ 「包む」「焼く」「流す」（　　）

❷ 「三角べら」「和ばさみ」「木型」（　　）

チャレンジ

3 「②和菓子は、和菓子作りに関わる職人だけではなく、……現在に受けつがれているのです。」とありますが、この文から、筆者のどんな願いが感じられますか。一つに○をつけましょう。〔10点〕

ア（　）みんなも和菓子を味わい楽しんで、和の文化を支えていってほしい。

イ（　）和菓子を食べる人が減っているので、若《わか》者に人気のある和菓子の開発を進めてほしい。

ウ（　）和の文化を支えていくために、和菓子作りに関わる職人を目指す人が大勢出てほしい。

4 長い時をへて受けつがれてきた和菓子には、おいしさだけでなく、何があると筆者は考えていますか。〔15点〕

書いてみよう！

5 筆者は、わたしたちがどうすることで日本の文化を受けついでいくことができると考えていますか。〔15点〕

ものしりメモ　和菓子《がし》の大もとは、木の実や果物だったね。「菓子」の「菓」は果物を、「子」は種子を表していて、初めは「果子」と書いたそうだよ。

学習の目標
●図表を活用し、情報を分かりやすく整理しよう。
●情報を活用するため、目的に応じて情報を関係づけ、発信しよう。

教科書 161～169ページ
答え 16ページ

基本のワーク

情報のとびら　文章と図表
和の文化を発信しよう／季節の足音――秋

新しい漢字

教科書 166ページ

効 コウ　きく　8画

亠 ナ 六 㐅 交 交 効

◀練習しましょう。

①効

○新しい漢字　●読みかえの漢字　◆特別な読み方

1 漢字の読み　読みがなを横に書きましょう。

(1) ○効果

「効」の訓読みは「き(く)」だよ。
「聞く」との使い方のちがいを確かめておこう。
「効く」は、「かぜ薬が効く。」のように、
「効果がある」ときに使うよ。

2 漢字の書き　漢字を書きましょう。

(1) ○□□《こうか》的に活用する。

漢字練習ノート18ページ

3 情報のとびら　文章と図表

次の文章は、図書委員会からのお知らせです。この情報を分かりやすく伝えるためにはどんな図表を使うとよいでしょうか。一つに○をつけましょう。

図書委員会では、みなさんにたくさん本を読んでもらうために、今後じゅう実させてほしい本の種類についてのアンケートをしました。

児童三百人にアンケートを取ったところ、「日本の物語」が六十五人、「スポーツ関連の本」と「歴史の本」が、それぞれ五十五人、「外国の物語」が四十八人、「絵本」が三十七人、「調べ学習用の本」が二十五人、その他の種類が十五人でした。

この結果をふまえて、司書の先生と図書委員が話し合いをして、どんな本を増やすか相談します。みなさん、ぜひ図書室を利用してたくさん本を読んでください。

ア（　）人気のある「日本の物語」の本の写真。
イ（　）アンケートの結果をまとめた表やグラフ。
ウ（　）アンケートに回答する様子をえがいたイラスト。

和の文化を発信しよう

4 **和の文化を発信するためにポスターを作ることになりました。ポスターにのせるキャッチコピーを考えるとき、どんなことに注意すればよいですか。正しいもの全てに○をつけましょう。**

ア（　）印象的な言葉を使ったキャッチコピーにして、読み手の興味を引くこと。

イ（　）どんなことを伝えたいのか目的を明確にして、それが伝わるキャッチコピーにすること。

ウ（　）社会で流行している言葉だけを使って、とにかく楽しいキャッチコピーにすること。

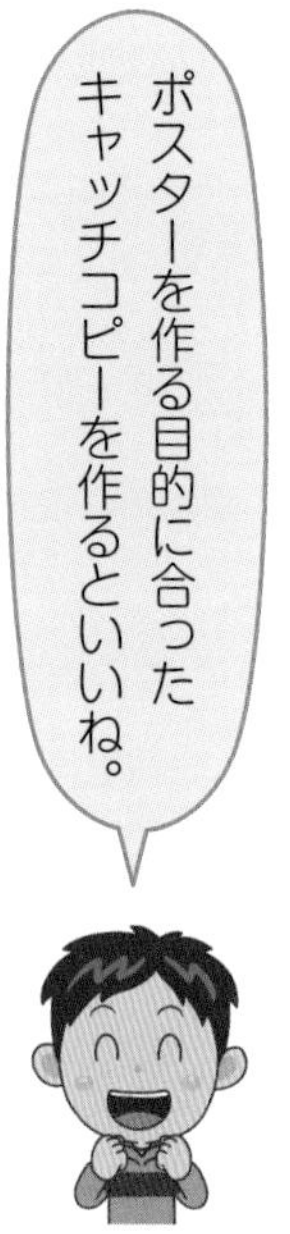
ポスターを作る目的に合ったキャッチコピーを作るといいね。

5 **次は、ポスターのわり付けを考えるときに気をつけることをまとめたものです。（　）に合う言葉を、[　]から選んで書きましょう。**

●いろいろな方法で集めた（　）を整理し、伝えたい（　）に合ったものを選んでわり付ける。

●文章と（　）をどのように（　）すれば効果的か考える。

図表　情報　テーマ　配置

季節の足音――秋

6 **次の短歌と俳《はい》句を読んで、問題に答えましょう。**

あ 秋の雲「ふわ」と数えることにする
一ふわ二ふわ三ふわの雲
吉川《よしかわ》 宏志《ひろし》

い こんなよい月を一人で見て寝《ね》る
尾崎《おざき》 放哉《ほうさい》

1 よく出る あの短歌について説明した次の文の、（　）に合う言葉を書きましょう。

（　）という言葉をくり返し使うことで、かろやかな感じが表現されている。

2 あの短歌から、作者のどんな気持ちが読み取れますか。一つに○をつけましょう。

「数えることにする」という表現から何が読み取れるかな。

ア（　）すてきなことを思いついて、うれしい気持ち。

イ（　）無理なことをやらされて、やけになる気持ち。

ウ（　）めんどうなことをさせられて、うんざりする気持ち。

3 いの俳句を作ったとき、作者はどんな様子でしたか。一つに○をつけましょう。

ア（　）家族みんなで月を見て、そのことを語り合った。

イ（　）雨がふる夜に、きれいな月を想像していた。

ウ（　）一人で月を見た後、だれとも話さずにねむった。

ものしりメモ
月の表面は、明るいところと暗いところがあるよね。紀元１世紀ごろのギリシア人は、この暗い部分を海《マーレ》(mare)、明るい部分を高地《テラ》(terrae)とよんだそうだよ。

基本のワーク

熟語《じゅく》の構成と意味

教科書 170〜171ページ

答え 17ページ

勉強した日　月　日

学習の目標

●熟語の構成の種類を覚え、正しく分類できるようにしよう。
●熟語の読み方と意味のちがいを確かめよう。

漢字練習ノート18ページ

新しい漢字

教科書ページ

◀練習しましょう。

教科書ページ	漢字	読み	画数
170	保	ホ　たもつ	9画
170	護	ゴ	20画
170	妻	サイ　つま	8画
170	往	オウ	8画
170	復	フク	12画
170	耕	コウ　たがやす	10画
170	講	コウ	17画
170	罪	ザイ　つみ	13画
171	燃	ネン　もえる	16画

1 漢字の読み

読みがなを横に書きましょう。

① 保護　② 夫妻　③ 往復　④ 耕具　⑤ 受講　⑥ 無罪　⑦ 不燃

○新しい漢字　●読みかえの漢字　◆特別な読み方

2 漢字の書き

漢字を書きましょう。

① 野犬の□□《ほご》。

② 学校まで□□《おうふく》する。

③ □□《むざい》の判決。

④ □□《ふねん》ごみ。

3

次の構成に合う熟語《じゅく》を□から選んで、記号で答えましょう。

① にた意味を表す漢字を組み合わせた熟語（　）

② 意味が対《つい》になる漢字を組み合わせた熟語（　）

③ 主語・述語の関係になっている熟語（　）

④ 上の漢字が下の漢字を修飾《しょく》している熟語（　）

⑤ 上の漢字が動作を、下の漢字がその対象を表す熟語（　）

⑥ 上の漢字が下の漢字の意味を打ち消している熟語（　）

ア 消毒　イ 明暗　ウ 早朝
エ 無料　オ 永久　カ 県営

4
次の熟語と構成が同じものを、それぞれア～エから選んで、記号で答えましょう。

① 絵画（　　）　ア 再考　イ 寒冷　ウ 着席　エ 少数

② 高低（　　）　ア 乗車　イ 取得　ウ 国営　エ 強弱

③ 市営（　　）　ア 国立　イ 未定　ウ 鉄橋　エ 下山

④ 品質（　　）　ア 新人　イ 軽重　ウ 未読　エ 消火

⑤ 投票（　　）　ア 休日　イ 部品　ウ 減少　エ 登山

⑥ 非常（　　）　ア 不満　イ 発車　ウ 親友　エ 計測

5
下の熟語と同じ構成になるように、□に合う漢字を⬚から選んで書き、熟語を完成させましょう。

① □　罪…未着・非番

② □　晴…仮定・再会

③ □　止…救助・増加

④ □　益…苦楽・往復

⑤ □　熱…読書・作文

⑥ □　立…町営・公立

損　禁　無　県　加　快

6
――の言葉に合う漢字を下から選んで、・――・で結びましょう。

① ア 小学生たいしょうの調査。　・　・対照
　 イ たいしょう的な性格だ。　・　・対象

② ア 休日に校庭をかいほうする。　・　・開放
　 イ 苦しみからかいほうされる。　・　・解放

③ ア いがいな結果におどろく。　・　・意外
　 イ ぼくいがいはもう帰った。　・　・以外

④ ア 絶好のきかいだ。　・　・機械
　 イ きかいの部品を買う。　・　・機会

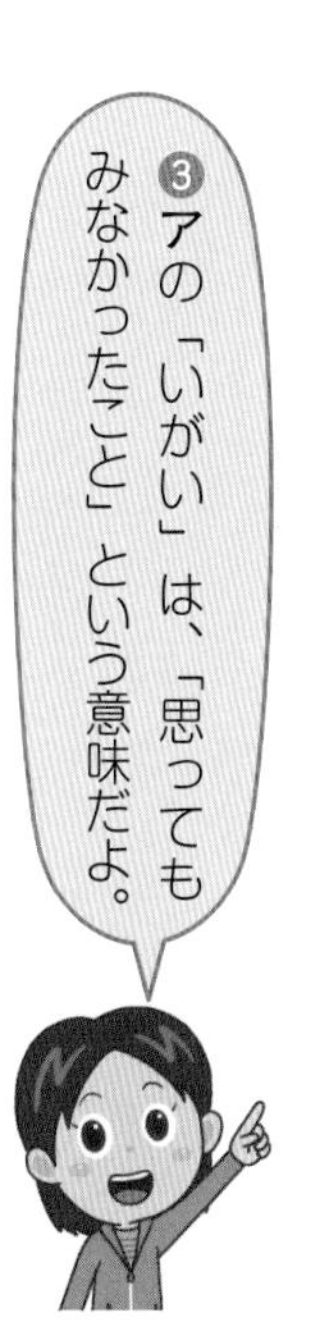

③アの「いがい」は、「思ってもみなかったこと」という意味だよ。

7
――の言葉の読み方を書きましょう。また、言葉の意味を⬚から選んで、記号で答えましょう。

① アパートの大家さん。　読み（　　）　意味（　　）

② 書道の大家。　読み（　　）　意味（　　）

③ 人気の歌手。　読み（　　）　意味（　　）

④ 人気のない夜道。　読み（　　）　意味（　　）

ア 貸し家の持ち主。
イ 人がいる気配。
ウ 世間の評《ひょう》判。
エ ある分野ですぐれている人。

ものしりメモ　二字熟《じゅく》語の中には、「国々」のように同じ漢字を重ねたものがあるよ。「人々」とはいえても、「犬々」とはいえないように、どの漢字でもできるわけではないから注意しようね。

基本のワーク

提案します、一週間チャレンジ
和語・漢語・外来語

教科書 172～177ページ　答え 18ページ

勉強した日　月　日

学習の目標
- 聞き手の印象に残るように話すくふうについて考えよう。
- 和語、漢語、外来語について理解しよう。

漢字練習ノート19ページ

新しい漢字

教科書172ページ　◀練習しましょう。

ページ	漢字	読み	画数
172	提	テイ	12画
173	賞	ショウ	15画
176	桜	さくら	10画
176	銅	ドウ	14画
176	貿	ボウ	12画
176	易	エキ　イ　やさしい	8画
177	規	キ	11画
177	則	ソク	9画

○新しい漢字　●読みかえの漢字　◆特別な読み方

1 漢字の読み　読みがなを横に書きましょう。

① ○提案　② ○賞　③ ○桜の木
④ ○銅　⑤ ○貿○易　⑥ ○規○則

2 漢字の書き　漢字を書きましょう。

① 方法を○□□《ていあん》する。　② ○□《しょう》をおくる。
③ ○□○□《ぼうえき》の相手国。　④ ○□○□《きそく》を守る。

3 提案します、一週間チャレンジ

次は、学校生活をよりよくするためのイベントを考えて、提案する手順をまとめたものです。（　）に合う言葉を［　］から選んで書きましょう。

①（　　）するイベントを考え、メモに書き出す。
② メモをもとに（　　）を書いて、話す練習をする。
③ 取り組んでみたいと（　　）に思ってもらえるように話す。

［ 聞き手　原こう　提案 ］

考えをまとめ、文章にしてから発表するんだよ。

4 次は、大野さんが自分の提案を発表するために書いた原こうです。これを読んで、問題に答えましょう。

みなさん、朝のあいさつをしていますか。（みんなの顔を見る）友達に大きな声で「おはよう。」と言っていますか。下級生に会ったとき、自分から「おはよう。」と言っていますか。（間をとる）あいさつが大切だということは、みんなが分かっていることです。でも、「そんなのめんどくさい。」「何だかはずかしい。」と思ってしまい、あいさつをしなくなっている人が増えているのではないでしょうか。

ぼくもその一人です。この前、二年生の子に（元気よく）「おはよう。」と声をかけられて、（元気なさそうに・早口で）「おはよう。」と返したら、「大野さん、おこってるの？」と聞かれて、はっとしました。改めて、気持ちよくあいさつをすることの大切さを感じました。

そこで、（間をとる）ぼくは、クラスのみんなが元気にあいさつをし合う「あいさつ週間」を提案します。一週間、積極的にあいさつをして、最後に、グループの中でおたがいのあいさつのよかったところを伝え合います。「元気で賞」や「心がこもっているで賞」など賞を考えておくのも楽しいと思います。

〈「提案します、一週間チャレンジ」による〉

1 よく出る● 大野さんは、何を提案していますか。

（　　　　）

2 1の提案を説明した次の文の（　）に入る言葉を書きましょう。

一週間、積極的に（　　　　）をして、最後にグループの中で、おたがいのあいさつの（　　　　）を伝え合う。

3 「みなさん、朝のあいさつをしていますか……自分から『おはよう。』と言っていますか。」とありますが、この部分のくふうとして合うもの全てに○をつけましょう。

ア（　）だいじなことを、表現を変えてくり返している。
イ（　）提案することに理由を加えて話している。
ウ（　）聞き手に問いかけるように話している。

4 発表の原こうの第二段落《だん》はどんな内容ですか。一つに○をつけましょう。

「この前、……」からの部分に注目しよう。

ア（　）提案の理由となる自分の体験について説明している。
イ（　）提案の具体的な内容と、効果について説明している。
ウ（　）発表することの大まかな内容を説明している。

5 発表の原こうの全体の構成の説明として、合うもの一つに○をつけましょう。

ア（　）初めと終わりで自分の提案をくり返し述べている。
イ（　）初めに提案をして、その理由を後で述べている。
ウ（　）初めに問題点を示し、最後に提案を述べている。

5 ☆和語・漢語・外来語

和語、漢語、外来語の組み合わせになるように、例にならって（　）に合う言葉を書きましょう。

	和語	漢語	外来語
例	たのむ	注文	オーダー
①	昼飯	（　　）	ランチ
②	決まり	規則	（　　）

ものしりメモ 「こんにちは」を漢字で書くと、「今日《こんにち》は」だよ。「今日は（ごきげんいかがですか）」「今日は（いいお天気ですね）」など、後に続く言葉が省略《りゃく》されたものだといわれているよ。

基本のワーク

大造《だいぞう》じいさんとがん
漢字を使おう6／言葉相談室　心情を表す言葉

教科書 178〜199ページ
答え 18ページ
勉強した日　月　日

学習の目標
- 場面の様子や物語の展開《てん》を大きくとらえよう。
- 登場人物の心情や行動から読み取れる人物像を想像しよう。

漢字練習ノート20〜21ページ

新しい漢字

練習しましょう。

教科書ページ	漢字	読み	画数
180	率	リツ　ひきいる	11画
180	領	リョウ	14画
183	張	チョウ　はる	11画
183	導	ドウ　みちびく	15画
186	略	リャク	11画
187	飼	シ　かう	13画
190	弁	ベン	5画
191	堂	ドウ	11画
197	婦	フ	11画
197	綿	メン　わた	14画
197	留	リュウ　ル　とめる	10画
197	犯	ハン	5画

1 漢字の読み　読みがなを横に書きましょう。

① 率いる
② 頭領
③ 引っ張る
④ 指導
⑤ 計略
⑥ 飼う
⑦ 花弁
⑧ 農婦
⑨ 綿糸
⑩ 統一

○新しい漢字　●読みかえの漢字　◆特別な読み方

2 漢字の書き　漢字を書きましょう。

① 群れを□《ひき》いる。
② □□《けいりゃく》をめぐらす。
③ 犬を□《か》う。

4 言葉の意味　○をつけましょう。

① 180ページ いまいましく思っている。
ア（　）悲しく。
イ（　）うれしく。
ウ（　）はらだたしく。

② 182 形跡《せき》がある。
ア（　）何かをしたことが分かるあと。
イ（　）物事の決まったやり方。
ウ（　）通り道。

④ □□《どうどう》たる態度。
⑤ 社長が□□《りゅうにん》する。
⑥ □□《ぼうはん》カメラ。

3 四年生の漢字

漢字を書きましょう。

① □□《べんり》な道具。
② 感動して□《な》く。
③ □□《ゆうき》ある行動。
④ 本に□□《ねっちゅう》する。
⑤ □□《じしん》を持つ。
⑥ 紙に□□《いんさつ》する。

内容をつかもう！

★ 大造《だいぞう》じいさんとがん　教科書を読んで答えましょう。　教科書 180～193ページ

1 あらすじを場面ごとにまとめました。物語の順番になるようにならべかえて、記号で答えましょう。

ア おとりのがんがはやぶさにおそわれ、助けようとした残雪《ざんせつ》は、深いきずを負った。

イ 大造じいさんは、たにしをまいてがんをおびきよせようとしたが、残雪に気づかれ、失敗した。

ウ 大造じいさんは、おりの中で一冬をこして元気になった残雪を空へ放し、また堂々と戦おうとちかった。

エ 大造じいさんは、たにしを付けたうなぎばりで、がんを手に入れようとしたが、残雪にはばまれ、一羽しかとれなかった。

（　　）→（　　）→（　　）→（　　）

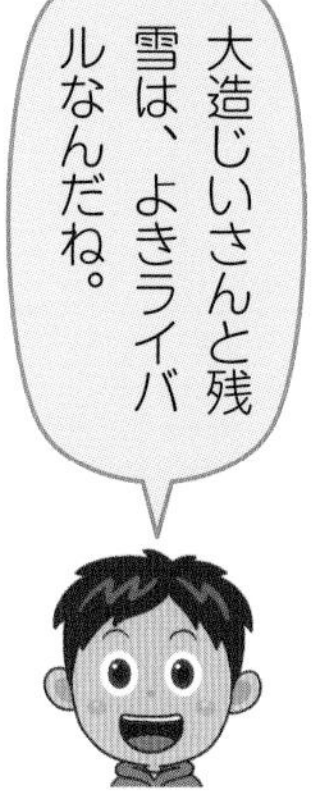
大造じいさんと残雪は、よきライバルなんだね。

2 次の大造じいさんの気持ちは、**1**の**ア**～**エ**のどの場面のものですか。記号で答えましょう。

① またやられた。くやしい。
② またもどって来いよう。
③ たいした知恵《ちえ》を持っているな。
④ なんとりっぱな頭領だろう。

①（　　）　②（　　）
③（　　）　④（　　）

---

③ 183 感たんの声をもらす。
ア（　）感心して出る声。
イ（　）悲しくて出る声。
ウ（　）うれしくて出る声。

④ 183 どんなあんばいか、気になる。
ア（　）色。
イ（　）様子。
ウ（　）気持ち。

⑤ 183 案の定、池に集まってきた。
ア（　）いつのまにか。
イ（　）思ったとおり。
ウ（　）意外なことに。

⑥ 184 会心のえみをもらす。
ア（　）おもしろくて大笑いすること。
イ（　）期待どおりで満足して笑うこと。
ウ（　）照れかくしのために笑うこと。

⑦ 188 ひとあわふかせてやる。
ア（　）悲しませて。
イ（　）毒を食べさせて。
ウ（　）おどろきあわてさせて。

⑧ 190 不意を打たれてよろめく。
ア（　）とつぜんこうげきされて。
イ（　）頭をなぐられて。
ウ（　）りょうじゅうでうたれて。

ものしりメモ　がんは、冬になると北の国から日本にやってきて、春に帰っていくわたり鳥だよ。がんが飼いならされて家ちくになったのが、ガチョウだよ。

練習のワーク1

大造《だいぞう》じいさんとがん

教科書 178～199ページ　答え 18ページ

勉強した日　月　日

できるナビ
- 残雪《ざんせつ》と大造じいさんの関係をとらえよう。
- 大造じいさんの気持ちの変化を読み取ろう。

次の文章を読んで、問題に答えましょう。

大造《だいぞう》じいさんは、夏のうちから心がけて、たにしを五俵《ひょう》ばかり集めておきました。そして、それを、がんの好みそうな場所にばらまいておきました。①どんなあんばいだったかなと、その夜行ってみると、案の定、そこに集まって、さかんに食べた形跡《せき》がありました。

その翌《よく》日も、同じ場所に、うんとこさと、まいておきました。その翌日も、そのまた翌日も、同じようなことをしました。

がんの群れは、思わぬごちそうが四、五日も続いたので、ぬま地のうちでも、②そこがいちばん気に入りの場所となったようでありました。

大造じいさんは、③会心のえみをもらしました。

そこで、夜の間に、え場より少しはなれた所に、④小さな小屋を作って、その中にもぐりこみました。そして、ねぐらをぬけ出して、このえ場にやってくる、がんの群れを待っているのでした。

【あかつきの光が、小屋の中に、すがすがしく流れこんできました。

1 「①どんなあんばいだったかな」とありますが、大造じいさんがたにしをばらまいておいた場所は、どうなっていましたか。

がんが（　　　　）を（　　　　）があった。

2 「②そこがいちばん気に入りの場所となった」のは、なぜですか。

がんたちは、そこで、何日も続けて（　　　　）を食べることができたから。

3 よく出る　大造じいさんが「③会心のえみ」をもらしたのは、なぜですか。一つに○をつけましょう。

ア（　）がんたちによいことをしたと思い、うれしかったから。
イ（　）がんたちを一か所に集めることに成功したから。
ウ（　）がんたちが大造じいさんになついてくれそうだから。

4 「④小さな小屋を作って」とありますが、大造じいさんは何のために小屋を作ったのですか。

書いてみよう！（　　　　）

5 がんの群れの先頭にいたのは、何でしたか。

言葉の意味プラス
18行　あかつき…夜明け。　18行　すがすがしい…さわやかで気持ちがいい。
24行　目にもの見せる…ひどい目にあわせる。

ぬま地にやってくるがんのすがたが、かなたの空に、黒く点々と見えだしました。先頭に来るのが残雪《ざんせつ》にちがいありません。その群れはぐんぐんやってきます。

「しめたぞ！　もう少しのしんぼうだ。あの群れの中に一発ぶちこんで、今年こそは目にもの見せてくれるぞ。」

りょうじゅうをぐっとにぎりしめた大造じいさんは、ほおがびりびりするほど引きしまるのでした。

ところが、残雪は、油断なく地上を見下ろしながら、群れを率いてやってきました。そして、ふと、いつものえ場に、昨日までなかった、小さな小屋をみとめました。

「様子の変わった所に近づかぬがよいぞ。」

かれの本のうは、そう感じたらしいのです。⑤ぐっと急角度に方向を変えると、その広いぬま地の、ずっと西側のはしに着陸しました。

もう少しで、たまのとどくきょりに入ってくるというところで、またしても、残雪のために、してやられてしまいました。大造じいさんは、広いぬま地の向こうをじっと見つめたまま、

⑥「ううん。」

とうなってしまいました。】

〈椋《むく》鳩十《はとじゅう》「大造《だいぞう》じいさんとがん」による〉

6 よく出る● 【　】で囲《かこ》んだ部分から、大造じいさんのきんちょうした表情が分かる言葉を書きぬきましょう。

（　　　　　　　　）

7 「⑤ぐっと急角度に……ずっと西側のはしに着陸しました。」とありますが、残雪が方向を変えたのはなぜですか。

昨日までなかった、（　　　　）をみとめ、（　　　　）と、

で感じたから。

8 大造じいさんが「⑥ううん。」とうなってしまったのは、なぜですか。一つに○をつけましょう。

ア（　）残雪の知恵《え》でがんの群れをしとめそこなったから。

イ（　）りょうじゅうのたまが当たらなかったから。

ウ（　）広いぬま地の向こうがよく見えなかったから。

9 この文章から読み取れる残雪の性格はどんなものですか。一つに○をつけましょう。

残雪の行動から性格を読み取ろう。

ア（　）好奇《き》心が強く、いろいろなものに興味を示す。

イ（　）用心深く、自分たちの身を守る知恵を持っている。

ウ（　）らんぼうで、自分をおそう人間をにくんでいる。

ものしりメモ　がんの群れの飛び方には特徴《ちょう》があって、V《ブイ》字型にならんだり、波の形や、ななめ１列になったりするよ。大声を出し合って鳴くのは、列を保つためなんだ。

練習のワーク②

大造《だいぞう》じいさんとがん

教科書 178〜199ページ
答え 19ページ

勉強した日 月 日

できるナビ
●大造じいさんが考えた「作戦」をとらえよう。
●大造じいさんの気持ちの高ぶりを読み取ろう。

次の文章を読んで、問題に答えましょう。

大造《だいぞう》じいさんは、①生きたどじょうを入れたどんぶりを持って、鳥小屋の方に行きました。じいさんが小屋に入ると、②一羽のがんが、羽をばたつかせながら、じいさんに飛びついてきました。

このがんは、二年前、じいさんがつりばりの計略で生けどったものだったのです。今では、すっかり、じいさんになついていました。ときどき、鳥小屋から運動のために外に出してやるが、ヒュ、ヒュ、ヒュと口笛をふけば、どこにいても、じいさんの所に帰ってきて、そのかた先に止まるほどになれていました。

大造じいさんは、がんがどんぶりからえさを食べているのを、じっと見つめながら、

「③今年は、ひとつ、これを使ってみるかな。」

と、独り言を言いました。じいさんは、長年の経《けい》験で、がんは、いちばん最初に飛び立ったものの後について飛ぶ、ということを知っていたので、このがんを手に入れたときから、ひとつ、これをおとりに使って、残雪《ざんせつ》の仲間をとらえてやろうと考えていたのでした。

さて、いよいよ、残雪の一群が今年もやってきたと聞いて、大造じいさんはぬま地へ出かけていきました。

2 「②一羽のがん」とありますが、大造じいさんは、このがんをどのようにして手に入れたのですか。

（　　　　　　　　　　）

3 よく出る●「③今年は、ひとつ、これを使ってみるかな。」とありますが、大造じいさんは、このがんをどんなことに使おうと考えているのですか。

（　　　　）をとらえるための（　　　　）として使おうと考えている。

4 がんには、どんな行動の特徴《ちょう》（習性）がありますか。それが書かれている部分を書きぬきましょう。

（　　　　　　　　　　）

大造じいさんは、長年の経験で、このことを知っていたんだね。

言葉の意味プラス
4行 計略…だまして物事をしようとする計画。 5行 なつく…なれて親しくなる。
16行 おとり…相手をさそい寄せるために利用するもの。 22行 出水…雨などで水があふれ出すこと。

がんたちは、昨年じいさんが小屋がけした所から、たまのとどくきょりの三倍もはなれている地点をえ場にしているようでした。そこは、夏の出水《しゅっすい》で大きな水たまりができて、がんのえさが十分にあるらしかったのです。

「うまくいくぞ。」

大造じいさんは、青くすんだ空を見上げながら、にっこりとしました。

その夜のうちに、飼いならしたがんを、例のえ場に放ち、昨年建てた小屋の中にもぐりこんで、がんの群れを待つことにしました。

「さあ、いよいよ、④戦とう開始だ。」

東の空が真っ赤に燃えて、朝が来ました。

残雪は、いつものように群れの先頭にたって、美しい朝の空を、真一文字に横切ってやってきました。

やがて、え場に下りると、ガー、ガーという、やかましい声で鳴き始めました。⑤大造じいさんのむねはわくわくしてきました。しばらく目をつぶって、心の落ち着くのを待ちました。そして、⑥冷え冷えするじゅう身を、ぎゅっとにぎりしめました。

〈椋《むく》鳩十《はとじゅう》「大造《だいぞう》じいさんとがん」による〉

1 ①「生きたどじょう」とありますが、このどじょうは何に使うのですか。一つに○をつけましょう。

ア（　）つりばりの計略に使う。
イ（　）飼っているがんのえさに使う。
ウ（　）残雪をおびきよせるために使う。

5 ④「戦とう開始だ」とありますが、大造じいさんはそのためにどんな準備《び》をしておきましたか。二つ書きましょう。

次の日のために、夜のうちから大造じいさんがしたことだよ。

（　　　　）
（　　　　）

6 ⑤「大造じいさんのむねはわくわくしてきました。」とありますが、それはなぜですか。（　）に合う言葉を、[　]から選んで書きましょう。

残雪の仲間をとらえることに何回も（　　　）していたが、今度こそ（　　　）がうまくいくと思ったから。

予想　失敗　作戦　経験

7 よく出る ⑥「冷え冷えするじゅう身を、ぎゅっとにぎりしめました」とありますが、このときの大造じいさんはどんな気持ちでしたか。一つに○をつけましょう。

ア（　）今年は必ず成功するだろうと、安心しきっていた。
イ（　）残雪にまたやられるのではないかと、びくびくしていた。
ウ（　）いよいよ残雪との対決だと、気持ちを引きしめた。

小屋の中で、大造じいさんは、どんな気持ちで残雪を待っていたんだろう。

ものしりメモ
煮《に》物などに使われる「がんもどき」。これは鳥のがんの肉に味がにているから、その名がついたともいわれているんだよ。「もどき」は、「〜ににているもの」という意味なんだ。

練習のワーク③

大造《だいぞう》じいさんとがん

教科書 178～199ページ
答え 20ページ
勉強した日 月 日

できるナビ
- 大造じいさんの気持ちの変化を読み取ろう。
- 残雪《ざんせつ》の頭領らしい態度を読み取ろう。

❋ 次の文章を読んで、問題に答えましょう。

がんの群れは、残雪《ざんせつ》に導かれて、実にすばやい動作で、はやぶさの目をくらませながら、飛び去っていきます。

「あ！」

①一羽、飛びおくれたのがいます。大造《だいぞう》じいさんのおとりのがんです。長い間飼いならされていたので、野鳥としての本のうがにぶっていたのでした。

はやぶさは、その一羽を見のがしませんでした。

じいさんは、ピュ、ピュ、ピュと、口笛をふきました。こんな命がけの場合でも、飼い主のよび声を聞き分けたとみえて、がんは、こっちに方向を変えました。

はやぶさは、その道をさえぎって、ぱあんと、一けりけりました。ぱっと、白い羽毛《うもう》が、あかつきの空に光って散りました。がんの体は、ななめにかたむきました。もう一けりと、はやぶさがこうげきの姿勢《しせい》をとったとき、さっと、大きなかげが空を横切りました。残雪です。

大造じいさんは、ぐっと、じゅうをかたに当てて、残雪をねらいました。が、何と思ったか、また、②じゅうを下ろしてしまいました。

残雪の目には、人間もはやぶさもありませんでした。ただ救

---

1 「①一羽、飛びおくれたのがいます。」とありますが、大造じいさんのおとりのがんは、なぜ飛びおくれたのですか。

（　　　　）

2 「②じゅうを下ろしてしまいました」とありますが、このときの大造じいさんは、どんな思いでしたか。合わないもの一つに○をつけましょう。

ア（　）残雪はゆうかんにも、はやぶさに戦いをしかけているぞ。
イ（　）残雪をやっつけるのは、はやぶさに任せよう。
ウ（　）残雪は、おとりのがんを救おうとしているぞ。

3 よく出る 「③いきなり、敵にぶつかっていきました。」とありますが、このときの残雪の行動の理由として合うもの一つに○をつけましょう。

ア（　）人間にもはやぶさにも負けてはいられない。
イ（　）がんの敵であるはやぶさとは戦わなければいけない。
ウ（　）はやぶさから仲間を救わなければいけない。

敵にぶつかる前、残雪の目には何が見えていたかな。

4 「④はやぶさもさるものです」とは、はやぶさのどんな行動を指しているのですか。それが分かる一文を書きぬきましょう。

言葉の意味プラス
37行 くれないにそめて…血で真っ赤になって。 43行 最期…命がつきるとき。死ぬとき。
44行 いげん…人がおそれうやまうような、りっぱで重々しい様子。

わねばならぬ、仲間のすがたがあるだけでした。③いきなり、敵《てき》にぶつかっていきました。そして、あの大きな羽で、力いっぱい相手をなぐりつけました。

不意を打たれて、さすがのはやぶさも、空中でふらふらとよろめきました。が、④はやぶさもさるものです。さっと体勢を整えると、残雪のむなもとに飛びこみました。

ぱっ

ぱっ

羽が、白い花弁のように、すんだ空に飛び散りました。そのまま、はやぶさと残雪は、もつれ合って、ぬま地に落ちていきました。

大造じいさんはかけつけました。二羽の鳥は、なおも地上ではげしく戦っていました。が、はやぶさは、人間のすがたをみとめると、急に戦いをやめて、よろめきながら、飛び去っていきました。

残雪は、むねの辺りをくれないにそめて、ぐったりとしていました。しかし、⑤第二のおそろしい敵が近づいたのを感じると、残りの力をふりしぼって、ぐっと長い首を持ち上げました。そして、じいさんを正面からにらみつけました。それは、鳥とはいえ、いかにも頭領らしい、堂々たる態度のようでありました。

大造じいさんが手をのばしても、残雪は、もう、じたばたさわぎませんでした。それは、最期《ご》のときを感じて、せめて、頭領としてのいげんをきずつけまいと努力しているようでもありました。

⑥大造じいさんは、強く心を打たれて、ただの鳥に対しているような気がしませんでした。

〈椋《むく》鳩十《はとじゅう》「大造《だいぞう》じいさんとがん」による〉

5 大造じいさんのすがたをみとめてはやぶさが飛び去った後から、大造じいさんが来るまでの間、残雪はどんな様子でしたか。

（　　　　　　　）

6 よく出る● 「⑤第二のおそろしい敵」とありますが、残雪にとって「第一の敵」「第二の敵」とは、それぞれ何ですか。

第一の敵（　　　　）

第二の敵（　　　　）

7 「⑥大造じいさんは、強く心を打たれて、ただの鳥に対しているような気がしませんでした。」とありますが、このとき、大造じいさんが残雪に言葉をかけるとしたら、どのように言うと思いますか。想像して書きましょう。

書いてみよう！

（　　　　　　　）

大造じいさんは、残雪の態度に感動しているんだね。

ものしりメモ

「はやぶさ」という名前は、「はやいつばさ」からついたともいわれるよ。えものをねらって急降《こう》下するときのスピードは、時速300キロメートル以上にもなるんだって。

まとめのテスト 大造《だいぞう》じいさんとがん 言葉相談室 心情を表す言葉

教科書 178〜199ページ　答え 20ページ

勉強した日　月　日

時間 20分　得点　/100点

1 次の文章を読んで、問題に答えましょう。

大造《だいぞう》じいさんはかけつけました。二羽の鳥は、なおも地上ではげしく戦っていました。が、はやぶさは、人間のすがたをみとめると、急に戦いをやめて、よろめきながら、飛び去っていきました。

残雪《ざんせつ》は、むねの辺りを①くれないにそめて、ぐったりとしていました。しかし、②第二のおそろしい敵《てき》が近づいたのを感じると、残りの力をふりしぼって、ぐっと長い首を持ち上げました。そして、じいさんを正面からにらみつけました。それは、鳥とはいえ、いかにも③頭領らしい、堂々たる態度のようでありました。

大造じいさんが手をのばしても、④残雪は、もう、じたばたさわぎませんでした。最期《ご》のときを感じて、せめて、頭領としてのいげんをきずつけまいと努力しているようでもありました。

大造じいさんは、強く心を打たれて、ただの鳥に対しているような気がしませんでした。

残雪は、大造じいさんのおりの中で、一冬をこしました。春になると、そのむねのきずも治り、体力も元のようになりました。ある晴れた春の朝でした。

じいさんは、おりのふたをいっぱいに開けてやりました。残

2 「②第二のおそろしい敵」とありますが、だれのことですか。〔10点〕

（　　　　）

3 「③頭領らしい、堂々たる態度」とは、残雪のどんな様子を指していますか。二つに分けて書きましょう。一つ10〔20点〕

（　　　　）

（　　　　）

4 「④残雪は、もう、じたばたさわぎませんでした」とありますが、この様子を見て、大造じいさんはどのように感じましたか。一つに○をつけましょう。〔10点〕

ア（　）はやぶさとの戦いのきずが深くて、動けないのだろう。

イ（　）頭領としてのいげんを保とうとしているのだろう。

ウ（　）最期のときを感じて、投げやりになっているのだろう。

5 よく出る● 「⑤らんまんとさいたすももの花が、その羽にふれて、雪のように清らかに、はらはらと散りました。」とありますが、この情景は、大造じいさんのどんな気持ちと重なるものですか。一つに○をつけましょう。〔10点〕

言葉の意味プラス　23行 らんまん…花が美しくさきみだれている様子。 26行 えらぶつ…すぐれた人物。りっぱな人物。 27行 ひきょう…こそこそとして、ずるい様子。

雪は、あの長い首をかたむけて、とつぜんに広がった世界におどろいたようでありました。が、

バシッ！

快い羽音一番。一直線に空に飛び上がりました。

⑤らんまんとさいたすももの花が、その羽にふれて、雪のように清らかに、はらはらと散りました。

「おうい、がんの英ゆうよ。おまえみたいなえらぶつを、おれは、ひきょうなやり方でやっつけたかあないぞ。なあ、おい、今年の冬も、仲間を連れてぬま地へやってこいよ。そうして、おれたちは、また、堂々と戦おうじゃあないか。」

大造じいさんは、花の下に立って、こう、大きな声で、がんによびかけました。そうして、残雪が北へ北へと飛び去っていくのを、はればれとした顔つきで見守っていました。

いつまでも、いつまでも、見守っていました。

〈椋《むく》鳩十《はとじゅう》「大造《だいぞう》じいさんとがん」による〉

1 「①くれない」とは、ここでは何の色を表していますか。漢字一字で答えましょう。〈10点〉

□

ア（　）残雪を大自然に返してやれた、すがすがしい気持ち。

イ（　）仲良くなった残雪と別れた、悲しみに満ちた気持ち。

ウ（　）再び頭領になれるのか、残雪を心配する気持ち。

6 大造じいさんが残雪をほめたたえている言葉を、大造じいさんの言葉の中から、二つ書きぬきましょう。 一つ5〈10点〉

7 残雪を見送る大造じいさんの表情には、そのときの快い気持ちがよく表れています。十字で書きぬきましょう。〈10点〉

8 大造じいさんは、残雪と自分の関係を、どんなものだと思っていますか。〈12点〉

書いてみよう！

2 上に続く、心情を表す言葉を下から選んで、・――・で結びましょう。 一つ2〈8点〉

① だいじな発表会の日をむかえて、・　　・うかれる。

② みんなの前で先生にほめられて、・　　・腹《はら》が立つ。

③ 親友が転校してしまい、・　　・落ち着かない。

④ けんかした弟に悪口を言われて、・　　・さびしい。

ものしりメモ

すももは、春に白い花がさき、夏に黄色かむらさき色の実がなる。実は生で食べたり、ジャムにしたりするよ。種類の近いものにセイヨウスモモ（プルーン）があるよ。

基本のワーク

日本語と外国語／読書の世界を広げよう
漢字を使おう7／季節の足音——冬

教科書 200～209ページ
答え 21ページ

勉強した日　月　日

学習の目標
●外国語と比べて、日本語の特徴《ちょう》をとらえよう。
●本と本のつながりに注目して、読書の世界を広げよう。

漢字練習ノート22ページ

新しい漢字

教科書208ページ　液　エキ　11画
208　程　テイ　12画
208　武　ム　ブ　8画

◀練習しましょう。

1 漢字の読み　読みがなを横に書きましょう。

① 植物博士　② 八重桜　③ 液体　④ 河原

○新しい漢字　●読みかえの漢字　◆特別な読み方

「博士」と「河原」は、特別な読み方の言葉だよ。

2 漢字の書き　漢字を書きましょう。

① 旅行の□□《どうてい》。
② □□□《ぶしどう》の精神。

3 四年生の漢字　漢字を書きましょう。

① □□《かがわ》県　② □□《とくしま》県　③ □□《えひめ》県

4 日本語と外国語

次は、日本語の特徴《ちょう》を説明したものです。（　）に合う言葉を、[　]から選んで書きましょう。

① 「山田さんは五年生です。」を「山田さんは五年生ですか。」とできるように、（　　）の形を変えることによって、（　　）を表すことができる。

② 「山田さんが石川さんに電話をかける。」と「石川さんに山田さんが電話をかける。」のように、「が」「に」「を」を付けることによって、（　　）がちがっても同じ内容を表すことができる。

疑《ぎ》問　語順　述語

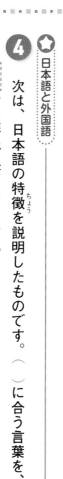

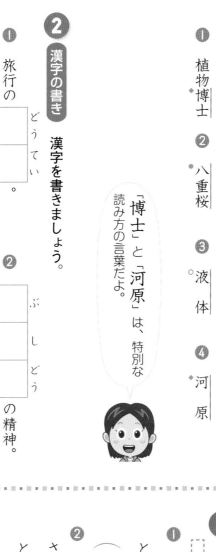

読書の世界を広げよう

5 本と本のつながりについて、合うほうに○をつけましょう。

❶ つながりのある本をさがすときは、同じ｛ア（　）作者／イ（　）書名｝の本をさがすとよい。

❷ 同じ｛ア（　）発売日／イ（　）テーマ｝で書かれた本や、読んだ本のキーワードを手がかりに、つながりのある本をさがすとよい。

❸ 図書館のけんさく機や｛ア（　）インターネット／イ（　）新聞｝を使って調べたり、｛ア（　）近くの人／イ（　）司書の先生｝にたずねたりして、つながりのある本をさがすのもよい。

まずは、読書記録を見返して、スタートとなる本を決めるといいよ。

季節の足音——冬

6 次の短歌と俳句を読んで、問題に答えましょう。

あ おりたちて今朝の寒さを驚《おどろ》きぬ
露《つゆ》しとしとと柿《かき》の落《お》ち葉深く
伊藤《いとう》　左千夫《さちお》

い 海に出て木枯《こがらし》帰るところなし
山口《やまぐち》　誓子《せいし》

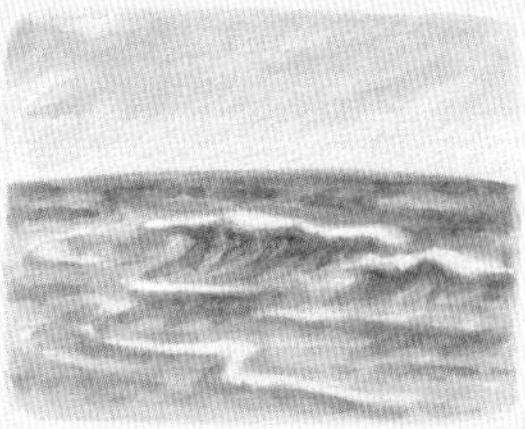

1

(1) あの短歌について答えましょう。
「驚きぬ」とありますが、どんなことにおどろいたのですか。

□□□□□

(2) この短歌には、どんな内容がよまれていますか。一つに○をつけましょう。

ア（　）思いがけない寒さに、冬が来たことを感じている作者の思い。

イ（　）きびしい寒さに負けまいと、必死にがんばる北国の人たちの思い。

ウ（　）寒さがゆるみ、春が近づいていることを喜ぶ北国の人たちの思い。

「驚きぬ」は、だれの感情かな。

2

(1) いの俳句について答えましょう。
よく出る● 季節を読み取ることができる言葉を、俳句の中から書きぬきましょう。また、その季節を書きましょう。

言葉（　　　　）

季節 □

(2) この俳句で、作者は「木枯」をどんな思いで見ていますか。一つに○をつけましょう。

ア（　）自由にどこにでも行けるのがうらやましい。

イ（　）帰ることができる場所がなくてかわいそうだ。

ウ（　）思い通りにふいてくれなくてにくらしい。

ものしりメモ
「木枯（こがらし）」は、秋の終わりから冬の初めにかけてふく冷たい北風だよ。気象庁《ちょう》ではその年最初にふいたこがらしを、「こがらし１号」とよぶんだよ。

基本のワーク

いにしえの人のえがく世界

教科書 210〜213ページ　答え 21ページ

勉強した日　月　日

学習の目標
- 古文の言葉のひびきを味わおう。
- 「枕草子《まくらのそうし》」の筆者の感じ方や考え方を読み取ろう。

漢字練習ノート23ページ

新しい漢字

教科書212ページ

似　にる　7画

ノ　イ　仆　仏　似　似　似

◀練習しましょう。

○新しい漢字　●読みかえの漢字　◆特別な読み方

1 漢字の読み　読みがなを横に書きましょう。

① 似合う。

2 漢字の書き　漢字を書きましょう。

① よく□□《にあ》う。

3 「枕草子《まくらのそうし》」についてまとめました。（　）に合う言葉を書きましょう。

●「枕草子」は、今から（　　）年ほど前に、（　　）という女性が書いた本です。

●書きだしの部分では、春夏秋冬それぞれの季節について、そのよさを最も強く感じる（　　）を取り上げ、その様子を述べています。

4 「枕草子」の、書きだしの部分の内容をまとめました。（　）に合う言葉を、□から選んで書きましょう。

季節	よい時間帯	そのときの様子
春	（①　）	夜が明けて、（②　）がだんだん明るくなる様子。
夏	（③　）	月夜。やみ夜でも、（④　）が飛びかう様子。雨の夜。
秋	（⑤　）	夕日がしずむころ。（⑥　）がねぐらへ急ぐ様子。雁《かり》が列を作って飛ぶ様子。風の音、（⑦　）の音《ね》。
冬	（⑧　）	雪が降《ふ》った朝。（⑨　）のおりた朝。寒い中、（⑩　）をおこして炭を運ぶ様子。※昼は、寒さがゆるみ、炭火が灰《はい》をかぶってみっともない。

虫　霜《しも》　夕暮《ゆうぐ》れ　ほたる　からす
火　夜　山際《やまぎわ》　あけぼの　つとめて

5

次の〈古文〉と〈現代語訳《やく》〉を読んで、問題に答えましょう。

〈古文〉

春はあけぼの。①やうやう《（ようよう）》白くなりゆく山際《やまぎわ》、②少し明《あ》かりて、③紫《むらさき》だちたる雲の細くたなびきたる。

〈現代語訳〉

春は明け方。だんだんと白《しら》んでいく山のすぐ上の空が、少し明るくなって、紫がかった雲が細くたなびいている様子。

〈「いにしえの人のえがく世界」による〉

1 よく出る● 「①やうやう」は、どんな意味ですか。〈現代語訳〉から書きぬきましょう。

（　　　　）

「白くなりゆく……」と続いていることに注目しよう。

2 よく出る● 現代語訳の「明け方」に当たる言葉を、〈古文〉から書きぬきましょう。

3 「②少し明かりて」とありますが、なぜ、少し明るくなっているのですか。一つに○をつけましょう。

ア（　）太陽が空の高い所に出ているから。
イ（　）夜が明け始めているところだから。
ウ（　）人が明かりをつけて、照らしているから。

「あけぼの」の意味から考えよう。

4 「③紫だちたる雲の細くたなびきたる」とは、何がどうなっている様子ですか。

（　　　　）

ものしりメモ

清少納言《せいしょうなごん》は、平安《へいあん》時代に一条天皇《いちじょうてんのう》のきさきの定子《ていし》に仕えて、約10年間宮中生活を送ったんだ。「枕草子《まくらのそうし》」は、そこでの見聞を中心に、自然や人生についての感想が書かれているよ。

まとめのテスト

いにしえの人のえがく世界

教科書 210～213ページ　答え 21ページ

勉強した日　月　日

時間 20分

得点　/100点

次の〈古文〉と〈現代語訳《やく》〉を読んで、問題に答えましょう。

〈古文〉

①夏は夜。

月のころは②さらなり、やみもなほ《(お)》、
ほたるの③多く飛びちがひ《(い)》たる。
また、ただ一つ二つなど、
ほのかにうち光りて行《ゆ》くもを《(お)》かし。
雨など降《ふ》るもを《(お)》かし。

秋は夕暮《ゆうぐ》れ。

夕日の差して山の端《は》いと近う《(ちこう)》なりたるに、
からすの寝所《ねどころ》へ行くとて、④三《み》つ四《よ》つ、
二つ三つなど飛び急ぐさへ《(え)》⑤あは《(わ)》れなり。
まいて⑥雁《かり》などの連ねたるが、
いと小さく見ゆるは、いとを《(お)》かし。
日入り果てて、風の音、虫の音《ね》など、
はた言ふ《(う)》べきにあらず。

1 「②さらなり」「⑤あはれなり」は、どんな意味ですか。〈現代語訳〉から書きぬきましょう。　一つ10〔20点〕

② さらなり（　　　　）

⑤ あはれなり（　　　　）

2 「①夏は夜。」とありますが、夏の夜のどんなところがよいと述べていますか。　一つ5〔20点〕

●（　　　　）がきれいなところ。

●（　　　　）の中を（　　　　）が飛びかうところ。

●（　　　　）などが降るところ。

チャレンジ

3 「③多く飛びちがひたる」とありますが、これとならべて、ほたるのどんな様子もよいと述べていますか。〔15点〕

（　　　　）

言葉の意味プラス

17行 飛びかう…入り交じって飛ぶ。 18行 ほのかに…程度がわずかな様子。
22行 ねぐら…ねる所。家。 27行 かなた…遠く。

〈現代語訳〉

夏は夜。月が出ていればもちろんよい。やみ夜でも、ほたるがたくさん飛びかっている様子。また、ほんの一つ二つ、ほのかに光って飛んでいくのもよい。雨などが降るのもよい。

秋は夕暮れ。夕日が差して山の端《はし》に近づくころ、からすがねぐらへ帰ろうと、三つ四つ、二つ三つと急いで飛んでいく様子もしみじみと心ひかれる。まして、雁などが列を作って飛んでいくのが、はるかかなたに小さく見えるのは、たいへんよい。日がすっかりしずんで、風の音、虫の音などが聞こえてくるのは、これまた言うまでもない。

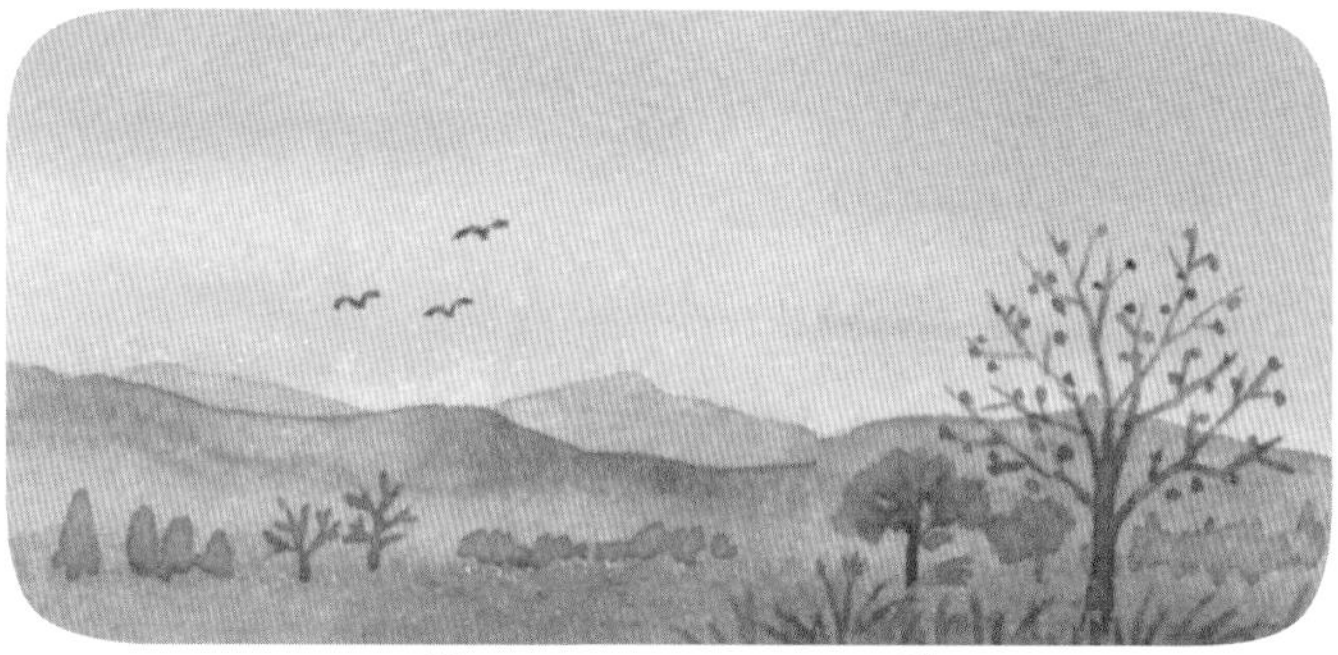

〈「いにしえの人のえがく世界」による〉

4 よく出る 秋について述べている部分では、耳に聞こえるものとしてどんなものが書かれていますか。二つ書きぬきましょう。　一つ5〔10点〕

5 よく出る 「三つ四つ、二つ三つ」(④)は、からすのどんな様子を表していますか。一つに○をつけましょう。〔10点〕

ア（　）一羽のからすがさびしく飛んでいく様子。
イ（　）小さな群れがいくつか飛んでいく様子。
ウ（　）数えきれないほどのからすが飛んでいく様子。

6 書いてみよう! 「雁などの連ねたるが、いと小さく見ゆる」(⑥)とは、何がどうなっている様子ですか。〔15点〕

7 現代語訳の「よい」に当たる言葉を、〈古文〉から書きぬきましょう。〔10点〕

ものしりメモ

清少納言《せいしょうなごん》は、父も曽《そう》祖父も有名な歌人だったよ。歌人の家に生まれた清少納言は、とても高い教養を身につけた女性で、その才能《のう》は早くから評《ひょう》判になっていたんだよ。

基本のワーク

「弱いロボット」だからできること SDGs

教科書 214～226ページ
答え 22ページ

勉強した日 月 日

学習の目標
●どんなロボットについて説明しているのかとらえよう。
●ロボットについての筆者の考えを読み取ろう。

新しい漢字

教科書ページ

ページ	漢字	読み	画数
216	製	セイ	14画
216	能	ノウ	10画
217	証	ショウ	12画
217	豊	ホウ ゆたか	13画
219	囲	イ かこむ	7画
222	団	ダン	6画
225	経	ケイ へる	11画

◀練習しましょう。

漢字練習ノート23ページ

1 漢字の読み

読みがなを横に書きましょう。

❶ ○製品　❷ ○機能
❸ けん○証　❹ ○豊か
❺ 取り○囲む　❻ 集○団
❼ ○経験

○新しい漢字 ●読みかえの漢字 ◆特別な読み方

「製」と「制」は同じ音読みだよ。二つの使い方のちがいに注意しよう。

3 言葉の意味

○をつけましょう。

❶ 216ページ ある機能に特化する。
ア（　）余《よ》計なものを付け加えること。
イ（　）それまでにない形になること。
ウ（　）ある部分に重点を置くこと。

❷ 217 せん細な動きを再現する。
ア（　）もう一度あらわすこと。
イ（　）よりよくすること。
ウ（　）じっくりと見ること。

2 漢字の書き

漢字を書きましょう。

① □□《せいひん》を作る。

② 便利な□□《きのう》。

③ けん□《しょう》作業をする。

④ □《ゆた》かな未来。

⑤ 敵《てき》を取り□《かこ》む。

⑥ □□《けいけん》を重ねる。

内容をつかもう！

☆「弱いロボット」だからできること　を読んで答えましょう。　教科書 216〜223ページ　教科書

1 ①「ロボット開発は進む」と、②「『弱いロボット』だからできること」では、どんなロボットが取り上げられていますか。□から二つずつ選んで、記号で答えましょう。

①…（　）・（　）

②…（　）・（　）

ア　医療《りょう》用ロボットについて。
イ　ごみ箱ロボットについて。
ウ　周りの人の協力を引き出したり、行動をさそったりすることができるロボットについて。
エ　日々、開発が進んでいる、ある機能に特化したロボットについて。

2 ①・②の文章の筆者の考えをまとめた次の文の□に合う言葉を、□から選んで書きましょう。

① ロボット開発は進む

これからもロボット開発が進むことで、より[　　　]がやってくる。

② 「弱いロボット」だからできること

「弱いロボット」は、わたしたちに「[　　　]」を受け止め、たがいに関わりながら生きていくという、テクノロジーと人間が[　　　]する未来の在り方を見せてくれる。

共存《ぞん》　弱さ　豊かな未来

---

③ 219 目まぐるしい進歩を続ける。
ア（　）ふつうとはちがっている。
イ（　）目が覚めるほどすばらしい。
ウ（　）物事が次々に起きてあわただしい。

④ 219 もはや生活の一部となった。
ア（　）今となっては。
イ（　）今さら。
ウ（　）今だけ。

⑤ 219 かつては夢の技術だった。
ア（　）以後。
イ（　）以前。
ウ（　）今後。

⑥ 219 ますます多くの機能を求める。
ア（　）前はなかった。
イ（　）前からすでに。
ウ（　）前よりももっと。

⑦ 221 思わず手伝う。
ア（　）無意識に。
イ（　）たまに。
ウ（　）とつ然に。

⑧ 221 何となくうれしい。
ア（　）理由もなく。
イ（　）期待もなく。
ウ（　）心配もなく。

ものしりメモ　スマートフォンの音声入力機能やそうじロボットなどには、人工知能(AI《エーアイ》)が使われているんだよ。人工知能は、わたしたちにも身近なものなんだね。

練習のワーク

「弱いロボット」だからできること SDGs

教科書 214〜226ページ　答え 22ページ

勉強した日　月　日

できるナビ
●医療《りょう》用ロボットがどんなものかとらえよう。
●ロボットについての筆者の考えを読み取ろう。

次の文章を読んで、問題に答えましょう。

中でも注目を集めているのが、兵庫県神戸《こうべ》市にある会社が開発した①医療《りょう》用ロボットです。このロボットは、日本で作られたものとしては初めて、二〇二〇年に国からにんかを受けた、手術支援《えん》ロボットです。

医師は、はなれた場所にある操縦《そうじゅう》席で、カメラにうつし出される映《えい》像を見ながらコントローラーや、足もとのペダルを操作して手術を行います。このロボットには、人のうでのようになめらかに動く②四本のアームがあり、それぞれのアームには八つのじくが付いています。人間のうでには七つの関節がありますが、それより一つ多いじくを持つことで、医師の求めるせん細な動きを正確に再現することができるのです。

このロボットは、体に小さなあな

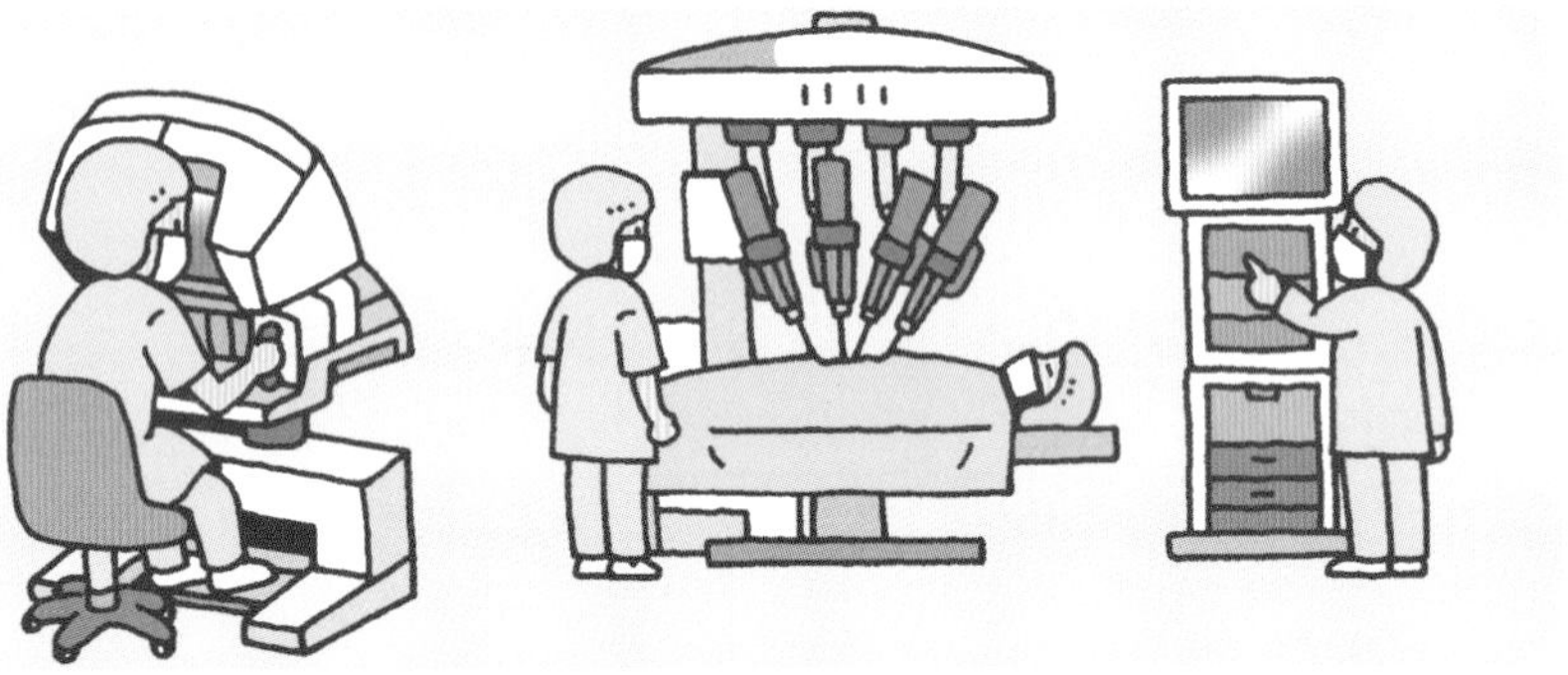

(2) このロボットを別の言葉で何と表現していますか。

□□□□□□□□

2 「②四本のアーム」とありますが、このアームにはどんなくふうがされていますか。また、それによってどんなことが可能《か》になりましたか。

アームについて具体的に書かれているところをさがそう。

くふう（　　　）

可能になったこと（　　　）

3 「③内視鏡下手術」とありますが、この手術で「医療用ロボット」はどんな役割《わり》を果たすのですか。

□□を見ながら手術を行うため、□□□□が求められる医師の□□□□をする役割。

言葉の意味プラス
5行 にんか…よいものとみとめ、ゆるすこと。 17行 せん細…とてもこまやかであること。
22行 利点…よい点。 24行 サポート…手助けをすること。

を開けて行う③「内視《し》鏡下手術」で使われています。この手術方法は、おなかを切り開く手術に比べ、手術中の出血が少なく、傷口《きず》が小さいなどの利点が多い一方、映像を見ながら行う手術であるため、医師の高い技術が必要とされます。その医師の手術をサポートするのが、このロボットなのです。

今後、④遠くはなれた場所から、通信回線を使って操作をすることもけん証されているといいます。そのような遠隔《かく》操作が実現することで、いろいろな地域《いき》にいるわかい医師が手術の指導を受けたり、より多くの人がこのロボットによる手術を受けたりすることができると考えられています。

このように、ある機能に特化した⑤ロボットの開発は日々進んでおり、医療だけでなく、製造業やかいごの現場など、活やくの場が広がっています。テクノロジーの進歩により、かつては夢のようだった技術が、わたしたちのくらしにも取り入れられてきているのです。これからも、ロボット開発が進むことで、より豊かな未来がやってくることでしょう。

〈「ロボット開発は進む」による〉

1 ①「医療用ロボット」について答えましょう。

(1) よく出る このロボットはどのように使うのですか。

医師がはなれた場所の［　　　］で、カメラにうつし出される映像を見ながら、［　　　　　　］や足もとの［　　　］を操作して手術を行う。

4 ④「遠くはなれた場所から、通信回線を使って操作をする」について答えましょう。

(1) これを別の言葉で何と表現していますか。

［　　　　］

(2) このような方法でロボットを使うことで、どんな利点があると筆者は考えていますか。合うもの全てに○をつけましょう。

ア（　）より多くの人がロボットによる手術を受けられる。

イ（　）ロボットが持つ高い技術を使った手術を受けられる。

ウ（　）いろいろな地域にいるわかい医師が手術の指導を受けられる。

利点について、「……ことができる」という表現を使って説明しているよ。

5 よく出る ⑤「ロボットの開発」とありますが、今後のロボットの開発がこれからのわたしたちのくらしにどんなえいきょうをあたえると、筆者は考えていますか。一つに○をつけましょう。

ア（　）これまで活用されなかった医療や製造業、かいごの現場でもロボットが使われるようになるだろう。

イ（　）進化したロボットが人間の代わりに働くようになり、人間は何もしなくてよい社会になるだろう。

ウ（　）ロボットはますます活やくの場を広げて、人間により豊かな未来をもたらすだろう。

ものしりメモ 以前は、工場などで働く産業用ロボットが中心だったけれど、最近は、飲食店や受付などのサービス業で働くロボットが増えているんだよ。

まとめのテスト

「弱いロボット」だからできること

SDGs

教科書 214～226ページ　答え 23ページ

勉強した日　月　日

時間20分

得点　/100点

次の文章を読んで、問題に答えましょう。

具体的に、①「ごみ箱ロボット」の例を見てみましょう。「ごみ箱ロボット」は、その名前のとおり、ごみ箱の形をしたロボットです。見た目はほとんどごみ箱であり、車輪が付いて動けるようになっているものです。このロボットには、ごみを拾うための機能がありません。底に付いた車輪を使って、よたよたと歩きながらごみを見つけます。この歩く動きは、まるでたよりない生き物のように見えます。この「ごみ箱ロボット」の様子を見た人は、思わず、手にしたごみを投げ入れたり、落ちているごみを拾って入れたりします。すると、このロボットは、センサーによってごみが入れられたことを感知し、小さくおじぎをします。ごみを入れた人は、これを見て、何となくうれしい気持ちになるようです。こうやって周りの人の協力を得ながら、このロボットはその場をきれいにすることができるのです。

このように、「弱いロボット」には、周りの人の協力を引き出したり、行動をさそったりする力があります。「弱いロボット」と関わるわたしたちも、たがいの思いが伝わる気がしたり、手伝うことの喜びを感じたりすることができます。

この「弱いロボット」が持つ「弱さ」は、②人間の赤ちゃんに似ているのではないでしょうか。生まれて半年ほどの赤ちゃん

「弱さ」を受け止め、たがいに関わりながら生きていくこと。「弱いロボット」が見せてくれるのは、テクノロジーとわたしたち人間が共存《ぞん》していくための未来の在り方であり、また、わたしたちが人間どうしのつながりの中に求めるものなのかもしれません。

〈岡田《おかだ》 美智男《みちお》「『弱いロボット』だからできること」による〉

1 よく出る ①「ごみ箱ロボット」は、どんなことができて、どんなことができないのですか。　一つ10〔20点〕

よたよたと歩きながらごみを見つけることや、ごみを入れられたことを感知して、（　　　　）ことはできるが、（　　　　）ことはできない。

2 よく出る 筆者は、「弱いロボット」には、どんなことができると考えていますか。　一つ5〔15点〕

● 周りの人の協力を引き出したり、（　　　　）をさそったりすることができる。

● 「弱いロボット」と関わる人間に、たがいの（　　　　）が伝わる気にさせたり、手伝うことの（　　　　）を感じさせたりすることができる。

言葉の意味プラス

23行 ぐずる…子どもが泣いたりすねたりして、人をこまらせる。　40行 心地《ここち》…心持ち。気分。

48行 共存《ぞん》…二つ以上のちがう性質のものどうしが、ともに生きること。

は、歩くこともできませんし、言葉を話すこともできません。一人で何もできないという意味では、「弱い」存《そん》在だと言えるでしょう。しかし赤ちゃんは、何もできないのに、周りの大人たちの関心と手助けを引き出します。赤ちゃんがぐずりだすと、大人たちは、「おなかがすいたのだろうか。」「遊んでほしいのかな。」などと考え、ミルクを用意したり、おもちゃで遊んだりします。「弱い」存在でありながら、周囲の人々の協力を引き出すことで、食事をとり、ほしいものを手にすることができるのです。

　赤ちゃんは、自分と人々との関わりだけでなく、周囲の人どうしの協力関係も作り出します。赤ちゃんをともに世話する集団として、周りの大人たちは、赤ちゃんの力になることに喜びを感じることができます。

　「ごみ箱ロボット」が、自分では十分な機能を持たずにその場所をきれいにすることができるのは、③こうした関わり合いを、ロボットと人間の間に、あるいは、その場にいる人間どうしの間に作ることができるからなのです。それは、「何かをしてもらう」人間と「何かをしてくれる」ロボットのような関係ではなく、たがいに支え合う心地《ここち》よい関係だと言えるでしょう。

　これからもテクノロジーの進歩は続き、ますます便利で高性能のものも生み出されていくでしょう。しかし、次々に新しい機能を追加して完全なものに近づけようとすればするほど、テクノロジーとわたしたちの関係は、心地よいものから遠ざかってしまうのではないでしょうか。

3 「②人間の赤ちゃん」とありますが、人間の赤ちゃんは周りの人に対してどんなことができると筆者は考えていますか。〔20点〕

（　　　　）

書いてみよう！

4 「③こうした関わり合い」とありますが、筆者はこうしたロボットと人間の関係や、その場にいる人間どうしの関係をどのように表現していますか。〔10点〕

（　　　　）

チャレンジ！

5 筆者は、テクノロジーの進歩についてどんなことを心配していますか。一つに○をつけましょう。〔15点〕

ア（　）テクノロジーが高性能になるほど、わたしたちはロボットにいぞんしてしまうこと。

イ（　）テクノロジーが完全なものに近づくほど、わたしたちとの関係は心地よいものから遠ざかってしまうこと。

ウ（　）テクノロジーに新しい機能が追加されるほど、人間どうしの関係がうすくなってしまうこと。

6 結論《ろん》として、筆者は、どんなことが大切であると述べていますか。二十八字で書きぬきましょう。〔20点〕

ものしりメモ

赤ちゃんは、短いねむりをくり返すよ。１日のすいみん時間の合計は、生まれて１か月くらいで16～20時間、半年ほどで13～14時間になるよ。

基本のワーク

漢字を使おう8／情報のとびら　考えのちがい
どう考える？　もしもの技術

教科書 227〜235ページ

答え 23ページ

勉強した日　月　日

学習の目標
●考えのちがう人と、おたがいが納得《なっ》し合える話し合い方を知ろう。
●相手の反対意見を予想して意見文を書こう。

漢字練習ノート24〜25ページ

新しい漢字

教科書ページ

教科書ページ	漢字	読み	画数
227	幹	カン　みき	13画
227	慣	カン　なれる	14画
227	検	ケン	12画
227	築	チク　きずく	16画
227	鉱	コウ	13画
227	脈	ミャク	10画
227	航	コウ	10画

◀練習しましょう。

1 漢字の読み

読みがなを横に書きましょう。

① ●正夢　② ○幹線道路　③ ○慣例　④ ●顔面

○新しい漢字　●読みかえの漢字　◆特別な読み方

2 漢字の書き

漢字を書きましょう。

① 目の□□《けんさ》。

② 金の□□《こうみゃく》。

3 四年生の漢字

漢字を書きましょう。

① □□《ほうたい》をまく。

② 大会に□□《さんか》する。

4 情報のとびら　考えのちがい

次は、一つの話題について相手と考えがちがうときに、どんなことに注意すればよいか説明したものです。（　）に合う言葉を、□から選んで書きましょう。

●自分の考えを（　　　）ことや、相手の考えに（　　　）ことはせず、まず、相手の考えを（　　　）とよい。また、相手の考えとその理由が（　　　）ものか、考えと理由の結び付きが適切かなどに着目するとよい。

受け止める　　おし付ける　　反発する　　納得《なっ》できる

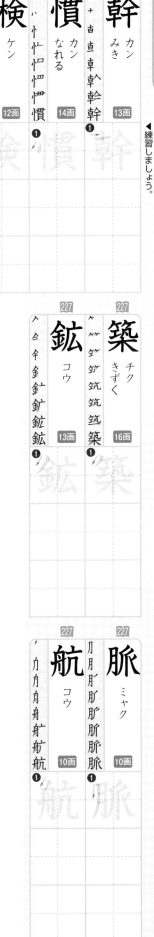

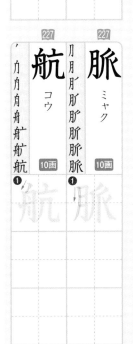

5 次は池田さんが書いた意見文の一部です。これを読んで、問題に答えましょう。

「心の声スピーカー」は必要か

5年1組　池田　春香

1 わたしは、「心の声スピーカー」は必要だと思います。

2 その理由の一つ目は、「心の声スピーカー」があれば、相手の気持ちをかんちがいすることがなくなるからです。例えば、……(中略)……ということも起こらなくなるでしょう。

3 二つ目としては、本当の気持ちをうまく表現できない人のことが理解できるようになるからです。具体的には、赤ちゃんや小さな子どもは、言葉で気持ちをうまく伝えられないため、「心の声スピーカー」が役に立つと思います。

4 三つ目は、相手のことを心から思いやることができると思うからです。なかには、相手の気持ちを想像しなくなってしまうから「心の声スピーカー」は不要だと思う人もいるでしょう。しかし、相手の気持ちがきちんと分かるからこそ、本当の意味で相手の立場に立って物事を考えられるのだと思います。

〈「どう考える？　もしもの技術」による〉

※心の声スピーカー…ドラえもんのひみつ道具の一つ。人や自分の心の声を聞くことができる。

1 池田さんは、どんな考えを発表していますか。

（　　　　）

2 1の考えの理由を、池田さんはいくつあげていますか。漢数字で答えましょう。

□つ

3 発表の「……(中略)……」の部分にはどんな内容が入りますか。一つに○をつけましょう。

「例えば」から始まる文だから、何かの例を示しているね。

ア（　）相手の気持ちをかんちがいしてしまう理由。
イ（　）「心の声スピーカー」を使った場合に起きること。
ウ（　）相手の気持ちをかんちがいしてしまったときの失敗例。

4 よく出る● 池田さんは、自分の意見に対してどんな反対意見が出ると予想していますか。

（　　　　）

5 よく出る● 4の予想される反対意見に対して、池田さんはどのように反論《ろん》していますか。

（　　　　）

「……いるでしょう。」と反対意見を予想して、「しかし、……」と反論しているよ。

ものしりメモ 言葉を使わずにおたがいの心が伝わることを、「以心伝心」というよね。もとは仏教の言葉で、言葉で表されていない仏の教えの本質を、弟子《でし》の心に伝えるという意味だったんだよ。

基本のワーク

方言と共通語
資料を見て考えたことを話そう SDGs
漢字を使おう9

教科書 236〜245ページ

答え 24ページ

勉強した日　月　日

学習の目標

●方言と共通語について知ろう。

●資料を見て考えたことを、資料と関連づけながら伝えよう。

漢字練習ノート25〜26ページ

新しい漢字

教科書ページ	漢字	読み	画数
240	費	ヒ	12画
245	積	セキ	17画
245	設	セツ　もうける	11画
245	居	キョ　いる	8画
245	厚	あつい	9画
245	暴	ボウ　あばれる	15画
245	許	キョ　ゆるす	11画
245	可	カ	5画
245	謝	シャ	17画

▼練習しましょう。

○新しい漢字　●読みかえの漢字　◆特別な読み方

1 漢字の読み　読みがなを横に書きましょう。

① ○設定　② 手厚い　③ ○許○可　④ 感○謝

2 漢字の書き　漢字を書きましょう。

① ［　］［　］《しょうひ》期限が切れる。

② ［　］［　］《じっせき》がある。

3 四年生の漢字　漢字を書きましょう。

① ［　］［　］《きかい》を分解する。

② ［　］［　］《とおあさ》の海。

4 方言と共通語　方言と共通語に合うものを、それぞれ全て選んで、記号で答えましょう。

方言（　　）

共通語（　　）

ア　全国的に使われ、どの地域《いき》の人たちにも通じる言葉。

イ　それぞれの地域に住む人たちの中で、伝統的に使われてきた言葉や言い方。

ウ　テレビのニュースや新聞などで用いられる言葉。

エ　同じ土地にくらしている人どうしが、気持ちや事がらを伝え合うために欠かせない言葉。

5 次の坂本さんの発表と資料を読んで、問題に答えましょう。

「食品ロス」に関する資料をもとに考えたことを発表します。

わたしは、家庭における「ロス」を解決するために、野菜をすてないことが大切だと考えます。

資料2を見てください。これは、すててしまいがちな食品・食材について調べたものです。野菜はすてられることが多く、五十六%の人がすててしまうと答えています。ここから、野菜のはいきを減らすことが、家庭における食品ロスを減らすことにつながると考えました。

なぜ、野菜のはいきが多いのでしょうか。原因として二つのことが考えられます。一つは、野菜は生物《なまもの》なので、時間がたつといたんで、すててしまうことがあるということです。資料3の表を見てください。これは、家庭における食品をすてた理由を示しています。理由の二番目として「いたんでいたから」ということが挙げられています。もう一つの原因は、野菜の皮をむいたり、へたを取ったりするときに、食べられる部分まですててしまうことがあるということです。わたしは、以前、虫に食われたキャベツの葉を丸ごとすてようとして、「もったいない。」と注意されたことがありました。

〈資料を見て考えたことを話そう〉による

資料2
家庭におけるすててしまいがちな食品・食材の割《わり》合

野菜類	56.5%
調味料・油	13.4%
果物	11.3%
とうふ・なっとうなど	9.1%
つけもの・つくだに	8.8%
総菜類	8.5%
米・パンなど	8.4%
乳《にゅう》製品・たまご	7.2%
粉類(小麦粉など)	7.1%
菓子《かし》類	6.6%

(2021年9月/食品メーカーによる食品ロスに関するアンケートより)

資料3
家庭における食品をすてた理由

食べ残したから	57%
いたんでいたから	23%
賞味期限が切れていたから	6%
消費期限が切れていたから	5%
おいしくなかったから	3%
その他・無回答	6%

(平成29年度/消費者庁《ちょう》資料より)

1 よく出る● 坂本さんは、どんな意見を発表していますか。

(　　　　　　　　　　)

2 坂本さんは、資料2と3のどんなところに注目して発表していますか。

それぞれの資料から読み取っている数字やこう目は何かな。

● **資料2** 家庭における(　　　　)として、約(　　)%の人が(　　　　)と答えていること。

● **資料3** 家庭における(　　　　)として、(　　　　)と答えている人が(　　)番目に多いこと。

3 「なぜ、野菜のはいきが多いのでしょうか。」とありますが、坂本さんはその原因としてどんなことを挙げていますか。

❶ 野菜は□□なので、時間がたつと□□□□、すててしまうことがあること。

❷ 野菜の□をむいたり、□□を取ったりするときに、□□□□□部分まですててしまうこと。

ものしりメモ いたみにくい食品に表示される「賞味期限」は、これを過ぎても食べられることもあるけれど、いたみやすい食品に表示される「消費期限」は、これを過ぎたら食べないようにしよう。

基本のワーク

手塚治虫《てづかおさむ》／漢字を使おう10
わたしの文章見本帳

教科書 246～267ページ

答え 24ページ

勉強した日　月　日

学習の目標
- 伝記の人物の考え方や生き方を読み取ろう。
- 伝記の人物の人物像から自分が感じたことを、文章にまとめよう。

漢字練習ノート27～28ページ

新しい漢字

▼練習しましょう。

教科書ページ	漢字	読み	画数	筆順
250	採	サイ　とる	11画	一 十 扌 扌 扌 扌 扌 扌 扌 採 採
250	評	ヒョウ	12画	二 言 言 言 言 言 評 評 評
252	授	ジュ	11画	一 十 扌 扌 扌 扌 扌 授
253	備	ビ　そなえる	12画	イ 仕 仕 件 件 備 備 備 備
254	舎	シャ	8画	ノ 人 𠆢 今 全 舎 舎 舎
255	演	エン	14画	氵 氵 氵 浐 浐 浐 演 演
263	税	ゼイ	12画	二 千 禾 禾 禾 禾 税 税
263	余	ヨ　あまる	7画	ノ 人 𠆢 今 全 余 余
263	素	ソ	10画	一 十 キ 主 丰 麦 麦 素
263	財	ザイ	10画	丨 冂 月 目 貝 貝 財 財
263	貯	チョ	12画	冂 月 目 貝 貝 貯 貯 貯
263	布	フ　ぬの	5画	ノ ナ 才 右 布
265	告	コク　つげる	7画	ノ ㇒ 牛 生 告 告 告
266	務	ム　つとめる	11画	マ 予 予 矛 矛 矜 務

1 漢字の読み

読みがなを横に書きましょう。

- ① ○採集
- ② ○評判
- ③ ○授業
- ④ 宿○舎
- ⑤ ○演劇《げき》
- ⑥ 消費○税
- ⑦ ○余り
- ⑧ ○素質
- ⑨ ○貯水池
- ⑩ ○布

○新しい漢字
●読みかえの漢字
◆特別な読み方

4 言葉の意味

○をつけましょう。

① 248ページ ひたすらまんがをかき続ける。

ア（　）そのことだけに集中して。
イ（　）いいかげんに。
ウ（　）きれいに。

2 漢字の書き

漢字を書きましょう。

1 空襲《しゅう》に □《そな》える。

2 □□《ざいさん》を残す。

3 議長を □《つと》める。

3 四年生の漢字

漢字を書きましょう。

1 料理が □□《じょうたつ》する。

2 明るい □□《みらい》。

3 □□《きぼう》を持つ。

内容をつかもう！

★ 手塚治虫《てづかおさむ》 まんがについての手塚治虫の考えや思いを、順にまとめました。□に合う言葉を、[ ]から選んで書きましょう。

教科書 248～259ページ

手塚治虫のまんがへの情熱と努力はなみなみならぬものだったんだね。

① 小学生のころ、治《おさむ》は、どうしたらおもしろいまんがをかけるのかと、絵のかき方や □ についてくふうしたので、まんががどんどんうまくなっていった。

② 戦争中、治はまんがをかくことで、そのおそろしさやつらさにたえ、また、仲間たちを □ もいた。

③ 戦争のつらい体験を出発点にして、治はまんがで □ の大切さ、命のとうとさをうったえていく。

④ 治虫はそれまでのまんがに、もっと □ をあたえようと、映《えい》画の手法をまんがに応用した。

⑤ 治虫のもう一つの夢である □ を作ることも実現させた。

[平和　はげまして　ストーリー　アニメーション　動き]

---

2 248ページ ストーリーまんがの世界を切り開く。
ア（　）歴史。
イ（　）じょうだん。
ウ（　）物語。

3 250 まんがを回覧《らん》して楽しむ。
ア（　）何人かでまわし読みして。
イ（　）かべにはり出して読んで。
ウ（　）読んで感想を言い合って。

4 250 先生に大目玉をくらう。
ア（　）軽べつされる。
イ（　）ひどくしかられる。
ウ（　）ひどくにらまれる。

5 252 つらくても、歯を食いしばる。
ア（　）歯をかみしめて、必死にこらえる。
イ（　）歯を見せて、にっこり笑う。
ウ（　）おく歯をかんで、あきらめる。

6 252 生きる勇気をふるい起こす。
ア（　）みんなからもらう。
イ（　）自分をはげましてわき立たせる。
ウ（　）少しずつ育て上げる。

7 254 まんがを生み出す源《みなもと》となる。
ア（　）わき出す才能。
イ（　）やりとげるための財産。
ウ（　）物事が起こるもと。

ものしりメモ ひどくしかられることを、「大目玉をくらう」というよ。この「大目玉」とは、しかる人の、かっと見開いて、相手をにらみつけている目のことなんだよ。

練習のワーク1

手塚治虫《てづかおさむ》

教科書 246～267ページ

答え 24ページ

勉強した日　月　日

できるナビ
●手塚治虫の小学校のころの出来事や行動、考え方を読み取ろう。

次の文章を読んで、問題に答えましょう。

①小学校での治《おさむ》は、いじめられっ子だった。「どうしたら、いじめられないようになるのかな。」と治は考えた。いじめっ子にはできなくて、自分にはできることを見つけ、やってみせればいい。

「そうだ、まんがをかくことだったら、だれにも負けないぞ。」

治が得意のまんがをかいてみせると、いじめっ子たちはおどろいた。治はいじめっ子たちに、好きなまんがの主人公をかいてやり、ノートにかいたまんがの作品を見せた。その出来ばえに、だれもが感心して、いじめはなくなっていった。

どうしたらおもしろいまんがをかけるのか。絵のかき方やストーリーについてくふうしたので、治のまんがはどんどんうまくなっていった。そして前よりも、もっとまんがが好きになった。

三年生の二学期から、クラスの担《たん》任は乾《いぬい》秀雄《ひでお》先生になった。②乾先生は作文に力を入れていたので、作文の時間が増えた。

治は、作文の時間が好きだった。題材が見つからないでこまっている子もいたが、治には書きたいことがたくさんあった。作文を書くのは楽しく、原こう用紙に十枚《まい》、二十枚書くのも平気だった。五十枚以上書いて、みんなをおどろかせたこともあった。

乾先生の指導で作文をたくさん書いたことは、大人になって

1 「①小学校での治は、いじめられっ子だった。」について答えましょう。

(1) 治は、いじめられないためにはどうすればよいと考えましたか。一文を書きぬきましょう。

治は、まんがが得意だったんだね。

（　　　　　　　　）

(2) 治がいじめられなくなったのは、治がどんなことをしたからですか。

（　　　　　　　　）

2 よく出る 「②乾先生は作文に力を入れていた」とありますが、このことは治にどんなえいきょうをあたえましたか。

作文を（　　　　）ことで、
治は、まんがの（　　　　）を考える力をつけた。

言葉の意味プラス
8行 出来ばえ…出来あがりの様子。
33行 覚ご…予想される悪い事態からにげずに、それを受け止めると心に決めること。

から、まんがのストーリーを考えるときに役立った。

三年生のときには、星や宇宙《うちゅう》に興味を持つようになり、昆《こん》虫採集も始めた。

四年生になって、治のかいた「ピンピン生《せい》チャン」というまんがが、③教室で大評判になった。そのころ、日本は戦争中で、本屋にもまんがが本は売っていなかった。それでみんなは、治がノートにかいたまんがを回覧《らん》して楽しんでいたのである。

ある日、治のまんがを読んでいた女の子が先生に見つかり、ノートを取り上げられた。

「きっと大目玉をくらうぞ。二度とまんがをかいたらいけないと言われるんだろうな。」

④治は覚ごを決めた。

ところが、乾先生はおこるどころか、よくできているとほめてくれたのだ。

「このまんがの続きをかいたら、わたしにも読ませてほしいな。」

先生の言葉に、治はほっとした。そして先生は続けて、こう言った。

⑤「手塚《てづか》は大人になったら、まんが家になれるかもしれないよ。」

治は、最初びっくりし、次には飛び上がりたいほど、うれしい気持ちになった。先生は、治のまんがをみとめてくれ、大きな自信と勇気をあたえてくれた。

〈国松《くにまつ》 俊英《としひで》「手塚治虫《てづかおさむ》」による〉

---

3 「③教室で大評判になった」について答えましょう。

(1) 大評判になった治のかいたまんがは、何ですか。

（　　　　）

(2) 治のまんがが大評判になったのは、なぜですか。

当時、日本は（　　　　）で、本屋にもまんがが本は（　　　　）から。

4 よく出る 「④治は覚ごを決めた。」とありますが、それはなぜですか。一つに○をつけましょう。

ア（　）まんががおもしろくないと責められると思ったから。

イ（　）まんがの出来についてほめられると思ったから。

ウ（　）まんがをかいていたことをしかられると思ったから。

「ところが、……」と続いていることに注目しよう。

5 「⑤手塚は大人になったら、まんが家になれるかもしれないよ。」とありますが、乾先生の言葉は治に何をあたえたのですか。

（　　　　）

ものしりメモ 手塚治虫《てづかおさむ》は、1952年に東京に引っこした。その翌《よく》年に住んだアパートには、後に、「ドラえもん」の作者の藤子不二雄《ふじこふじお》や「天才バカボン」の作者の赤塚不二夫《あかつかふじお》などの有名なまんが家も住んだんだよ。

練習のワーク②

手塚治虫《てづかおさむ》

教科書 246～267ページ　答え 25ページ

勉強した日　月　日

できるナビ　戦争中、手塚治虫に起きた出来事から、考え方や生き方を読み取ろう。

次の文章を読んで、問題に答えましょう。

治《おさむ》が中学の三年になったころ、①中学の授業はなくなった。戦争のために働く人が減ったので、中学生も工場へ行って働くことになったのである。力仕事が得意でない治も、けん命に働いた。つらい作業が続く中、治はまんがをかき続け、生きる勇気をふるい起こした。

昼ご飯を食べた後の工場のテーブルで、治はまんがをかいた。そのため、治のロッカーには、いつもぼくじゅうとペン、ノートが用意してあった。

「かいたまんがを見てもらうのには、どうすればいいのだろう。」

考えた末、②いい場所を思いついた。工員用のトイレだ。便器の前のかべにまんがをはり付ければ、みんなに読んでもらえる。工員用トイレは、うるさい主任や先生たちは使用しない。治はトイレのかべに、連載《さい》まんがを毎日一枚《まい》ずつはった。

「トイレに行って、まんがの続きを読むのが楽しみだな。」

工員や生徒たちは、治のまんがを読むと元気が出ると言ってくれた。治はまんがをかくことで、戦争のおそろしさやつらさ

1 「①中学の授業はなくなった」とありますが、なぜですか。

（　　　）で働く人が減ったため、中学生も（　　　）ことになったから。

2 治のロッカーには、いつも何が用意してありましたか。三つに○をつけましょう。

ア（　）絵筆　イ（　）画用紙　ウ（　）ぼくじゅう

エ（　）ペン　オ（　）ノート　カ（　）消しゴム

3 「②いい場所を思いついた。工員用のトイレだ」とありますが、治がかいたまんがを工員や生徒たちに見てもらうのに、なぜ「工員用のトイレ」がいい場所なのですか。理由を二つに分けて書きましょう。

（　　　）

（　　　）

4 よく出る● 戦争中、治がまんがをかくことは、どんなことを可能にしましたか。

（　　　）

言葉の意味プラス　16行 連載《さい》…同じ新聞などに、続き物としてのせること。 26行 うずくまる…体を丸めて小さくして、しゃがむ。 40行 くっきり…形がはっきりして、きわだって見える様子。

にたえた。そして、仲間たちをはげましてもいたのである。

　一九四五年（昭和二十年）、米軍の空襲《しゅう》はよりはげしいものになり、爆撃《ばくげき》機B《ビー》―29の編隊が、何度も大阪をおそった。
　③三月のある日、治は空襲に備えるため、工場の監視塔《かんしとう》に上がって空を見張っていた。すると、いきなり空襲警《けい》報が発令された。にげる時間もないので、そのまま監視塔にいた。すぐにキューンというするどい音がしたので、治は頭をかかえてうずくまった。一秒後、体のすぐ横を、焼夷弾《しょういだん》が台の板をつきぬけて落ちていった。下を見ると、十数発が工場に命中している。工場全体に火の手が上がっていた。治は必死でにげた。
　六月にも爆撃があり、工場の倉庫と宿舎が焼けた。電車が止まり、治は④宝塚《たからづか》まで歩いて帰ることにした。淀川《よどがわ》の土手を上流に向かうと、空から黒い雨がふってきた。家がたくさん燃えている。橋の上にも下にも、死体が折り重なっていた。堤《てい》防の牛が焼け死んで、強いにおいがした。けが人が助けを求め、赤ちゃんや子どもが泣きわめいていた。地獄《ごく》のような風景だった。

　ほこりまみれになり、くたくたにつかれ、ようやく宝塚の家にたどり着いた。無事で帰った治を見て、治の母はなみだを流した。
　⑤すぐそばに爆弾が落ち、目の前で人や動物が簡《かん》単に死んでいった。町も燃えた。そのおそろしい体験は、治の心にくっきりときざみこまれた。わすれることのできない、大きな出来事だった。戦争の体験は、たくさんのまんがを生み出す源《みなもと》となった。後に、治は戦争のおそろしさと平和の大切さ、命のとうとさをうったえる作品を次々にかいていくのである。

〈国松《くにまつ》 俊英《としひで》「手塚治虫《てづかおさむ》」による〉

●まんがをかくことで、
（　　　　）。

●まんがを読んでもらうことで、
（　　　　）。

工員や生徒たちは、治のまんがを楽しみにしていたんだね。

5　「③三月のある日」とありますが、この日の空襲は、治にとってどんな出来事だったのですか。一つに○をつけましょう。

治の周りの様子や、必死でにげた様子から読み取ろう。


ア（　）まんが家になることを決意した、わすれられない出来事。

イ（　）きせき的に生きのびることができた、おそろしい出来事。

ウ（　）生きることへの希望を見いだした、かけがえのない出来事。

6　「④宝塚まで歩いて帰る」とき、治が見た風景はどんなものでしたか。六字の言葉を書きぬきましょう。

□□□□□□風景。

7　「⑤すぐそばに爆弾が落ち、目の前で人や動物が簡単に死んでいった。町も燃えた。」とありますが、このおそろしい体験を出発点として、治はどんなまんがの作品をかくようになりましたか。

（　　　　）

ものしりメモ　現在のまんが家の多くは、背《はい》景などをかくアシスタントとよばれる人たちと仕事をしている。アシスタントを初めて取り入れたのも手塚治虫《てづかおさむ》なんだよ。

まとめのテスト

手塚治虫《てづかおさむ》

教科書 246〜267ページ　答え 25ページ

勉強した日　月　日

時間 20分

得点　/100点

次の文章を読んで、問題に答えましょう。

中学を卒業した後、治《おさむ》は、大学の附《ふ》属医学専《せん》門部に入学した。医師になる勉強をしながら、まんがをかき続けた。自分のかいた作品を持っていくつかの新聞社をたずねると、ある新聞社が、治のまんがを採用してくれた。一九四六年（昭和二十一年）の一月四日から、四コマまんがが「マアチャンの日記帳」の連載《さい》を始めた。ペンネームは、好きな虫であるオサムシからつけた「治虫《おさむ》」を使った。①新人まんが家、手塚《てづか》治虫の誕《たん》生である。

しばらくして手塚治虫は、ベテランのまんが家、酒井七馬《さかいしちま》と二人でまんが本を作った。一九四七年（昭和二十二年）一月に刊行したまんがが「新宝島《しんたからじま》」は、大ヒット作となった。この本がヒットしたのは、治虫が②全く新しい手法でまんがをかいたからである。

それまでのまんがは、演劇《げき》の舞《ぶ》台のように固定された画面でかかれていた。同じ画面に、同じ大きさの人物が出てきて、せりふをしゃべるだけである。けれど治虫は、まんがにもっと動きをあたえ変化をつけようと、映《えい》画の手法であるクローズアップやロングショットを使った。

大切な場面になると、何コマも使って同じ人物をかいていき、顔の表情や動きをいきいきとえがき出した。画面を上からや下

1 よく出る● 「①新人まんが家、手塚治虫の誕生である。」とありますが、「治虫」というペンネームは、どのようにしてできたのですか。〔10点〕

（　　　　）

2 「②全く新しい手法でまんがをかいた」について答えましょう。

(1) これまでのまんがは、どんなまんがでしたか。一つ5〔10点〕

固定された同じ（　　）に、同じ大きさの人物が出てきて、（　　）をしゃべるだけのまんが。

(2) 治虫は、どんな手法をとったのですか。一つ5〔20点〕

● （❶　　）の手法であるクローズアップやロングショット。

● 何コマも使って、同じ人物の（❷　　）や（❸　　）をえがく手法。

● 画面をいろんな（❹　　）から見てかく手法。

言葉の意味プラス

11行　手法…物事のやり方。表現技法。

27行　両立…二つの物事が、同時に問題なく成り立つこと。

からなど、いろんな角度から見てかく手法もとった。どれも、それまでなかったまんがのかき方だ。スピード感が出て、はく力があり、人物の心の動きまでが読む人に伝わってくる。治虫は小学生のころから、たくさんの映画を見てきた。そのことが役立った。

　治虫は、まんがの仕事をしながら、医学の勉強を続けていた。けれど、医学の勉強とまんがの両立はむずかしくなっていく。どうしたらよいのか、③治虫はなやんだ。母に相談すると、

「あなたは、どっちの仕事が好きなの。」

と聞かれた。治虫は、

「もちろんまんがです。」

と答えた。

　すると母は、きっぱり言った。

「では、まんが家になりなさい。人間は、好きな道をまっすぐに進むのがよいのです。」

　④それで迷いがふっ切れた。治虫は、まんが家として生きることを決意した。

〈国松《くにまつ》 俊英《としひで》「手塚治虫《てづかおさむ》」による〉

(3) 新しい手法を使ったことで、治虫のまんがはどんなものになりましたか。 〔15点〕

チャレンジ

3 「③治虫はなやんだ」について答えましょう。

(1) 治虫は、何をなやんでいたのですか。 〔15点〕

(2) 治虫は、そのなやみを解決するために、どうしましたか。 〔15点〕

書いてみよう!

4 「④それで迷いがふっ切れた。」とありますが、治虫はどんなことをきっかけに、どんな決意をしたのですか。「人間」という言葉を使って書きましょう。 〔15点〕

ものしりメモ

日本初のテレビアニメーション「鉄腕《てつわん》アトム」は、1963年から1966年にかけて放送された。週に１回、１話30分というテレビアニメーションの形は、このときにできたんだよ。

付録

まとめのテスト

宮沢賢治《みやざわけんじ》

教科書 270〜271ページ

答え 26ページ

時間 15分

得点 /100点

勉強した日 月 日

次の文章を読んで、問題に答えましょう。

一九一五年（大正四年）、賢治《けんじ》は、盛岡《もりおか》高等農林学校へ進学することを父から許《ゆる》された。中学時代に続き、野山をかけめぐり、地質《しつ》や土の科学調査《さ》と実験に打ちこんだ。

賢治は、学校にもどると実験室にとじこもり、持って帰った①石のかけらや土をけんび鏡で調べた。単調な仕事にあきてくると、賢治は仕事のことをわすれて、石や土の不思議な模様《もよう》をながめた。

（命のないものでも、こんなにすばらしい美しさを持っている。）

それは、美しい空想となって、どこまでも広がっていく。

（この美しさを文章にすることができたら、どんなにすてきだろう。）

賢治は、急に童話が書いてみたくなった。その気持ちを詩にうたいたくなった。

童話の中では、②現実《げん》にできないことがいくらでもできる。現実には見えないものまで見ることができる。動物も人間も自由に言葉がかわせる。だれもが仲良くくらせる理想的な世界だってつくることができる。こうして、賢治は童話を書き始め、心にうかぶ思いを詩に書いた。

〈西本《にしもと》鶏介《けいすけ》「宮沢賢治《みやざわけんじ》」による〉

1

(1) 「①石のかけらや土をけんび鏡で調べた」について答えましょう。

よく出る● 賢治は、自然のみりょくをどうすることができたらすてきだと思うようになりましたか。 一つ10〔20点〕

自然の（　　　）を（　　　）ができたらどんなにすてきだろう。

(2) (1)のように思った賢治はどうしましたか。一つに○をつけましょう。〔20点〕

ア（　）農民の生活の実態をまとめることにした。

イ（　）童話や詩を書き始めた。

ウ（　）地質の調査にいっそうはげんだ。

2 チャレンジ!

(1) 「②現実」について答えましょう。

これに対比して用いられている言葉を書きましょう。〔30点〕

書いてみよう!

(2) (1)では、具体的にどんなことができるのですか。〔30点〕